Fürs schöne Geschlecht

Fürs schöne Geschlecht

Frauenalmanache
zwischen 1800 und 1850

Ausstellung der Universität Bamberg
in Zusammenarbeit mit der
Staatsbibliothek Bamberg
12. November 1992 – 27. Februar 1993

Katalog und Ausstellung: Lydia Schieth

ISBN: 3-924530-06-8
(Staatsbibliothek Bamberg)

Druck: Meisenbach GmbH, Bamberg

Inhaltsverzeichnis

Vorwort 1

Danksagung 3

Siglenverzeichnis 4

Fotonachweis 4

I.   "Belletristen und Belletristinnen"-
der Frauenalmanach und sein Publikum 5

    Katalogteil 8

II.   "Ey wie viel Kalender!" -
Die Präsentation der Almanache 35

    Katalogteil 43

III.   "Die Kalendermacher" -
Verleger, Herausgeber, Beiträger 85

    Katalogteil 103

IV.   "Ein buntes Menü" -
das Programm der Taschenbücher 136

    Katalogteil 151

V.	"Die Frau von deutschem Muth und Sinn" - das Frauenbild in den Almanachen	 160
	Katalogteil	 181
VI.	"Ich soll dieses Jahr etwas für das Frauentaschenbuch schreiben..." - E.T.A. Hoffmanns Almanacherzählungen	 212
	Katalogteil	 244
VII.	Damals und Heute - ein fiktiver Dialog	... 248
VIII.	Bibliographie der deutschsprachigen Almanache	 253
IX.	Literaturliste (Auswahl)	 259

Fundstellen-Konkordanz
der Abbildungen und Katalognummern

Abbildung(en) Seite	Katalog-nummer	Seite(n)
II (Frontispiz)	47	78
9	1	8
12	4	11
13	4	11
15	5	14
19	9	18
22	11	21
25	12	24 ff.
27	12	24 ff.
30	12	24 ff.
31	12	24 ff.
46	18	45
48	20	47
50	22	49
51	23	49
52 f.	24	54
55	25	54
57	26	56
58	27	56
61	33	60
64 f.	36	63
67	38	66
68	40	68
69	41	68

Fundstellen-Konkordanz
der Abbildungen und Katalognummern
Fortsetzung

Abbildung(en) Seite	Katalog-nummer	Seite(n)
71	42	70
73	43	72
74 f.	44	72
77	45	76
79	48a	78 f.
82	48d	78, 80
84	52	83
104	53	103
105	54	103
107	55	106
109	59	108
112 f.	62	111, 114
115	64	114, 116
118–122	67	117 f.
127	68	126
128	69	129
130	70	129, 131
132	71	131
133	72	131
135	73	134
152	76	153
154	77	153
156	80	155
158	82	157
159	84	157

Fundstellen-Konkordanz
der Abbildungen und Katalognummern
Fortsetzung

Abbildung(en) Seite	Katalog-nummer	Seite(n)
182	84	181
183	87	181
184	88	181
186	89	185
187	90	185
188	91	185
190	92	189
191	93	189
193	94	192
194	95	192
196	97	195
197	98	195
198	100	195
200	101	199
201	102	199
202 f.	103	204 f.
206 f.	105	205
209	107	208
211	108	210
245	109	244
246	110	244
247	111	244
Faltblatt am Ende des Buches	78	153

Vorwort

Viele Schattenrisse der Goethezeit zeigen Frauen mit zierlichen Taschenbüchern. Sie dokumentieren damit die kulturhistorische Bedeutung der kleinformatigen Damenkalender, die vor allem die Dichter in ihren Dienst zwangen. Ob Goethes Balladen, Schillers *Geschichte des Dreißigjährigen Krieges*, Eichendorffs *Marmorbild* oder Rückerts *Ueberlieferungen des Islams*, kein Autor verschmähte es, sich das Lob der Leserinnen durch eine Publikation im Frauenalmanach zu sichern. Und daß die Nachbarschaft von literarischen und pragmatischen Texten, die Verbindung von Wort und Bild sowie die Kombination von Modisch-Aktuellem mit nationalen Traditionen von den Beiträgern als Herausforderung begriffen wurde, zeigen etwa die Almanacherzählungen E.T.A. Hoffmanns.

Doch die Perlen waren nicht immer in Gold eingefaßt. Viele Kalender entpuppten sich bei genauem Hinsehen als buchhändlerische Spekulation - die aufwendige äußere Gestaltung sollte die Gleichförmigkeit des Inhalts kaschieren. Und schon bald gehörte das Spötteln über die eleganten Damenbüchlein ebenso zum guten Ton wie das hartnäckige Schweigen der Autoren über das meist sehr großzügig bemessene Honorar.

Doch war es nicht allein der Qualitätsverlust, der die Almanache ins Gerede brachte. Dort wurde vor allem die Bestimmung der Frau beschrieben - und wirkungsvoll eine neue Generation zur Pflichterfüllung in Haushalt, Familie und Staat erzogen. Themen, Motive und literarische Gattungen dokumentieren, in welcher Form die Herausgeber ihr weibliches Publikum beeinflussen wollten.

Gerade diese Kritik verdeckt aber die Tatsache, daß die Almanachproduktion es erstmals auch einer großen Zahl von Schriftstellerinnen ermöglichte, regelmäßige Einkünfte zu beziehen und damit eine Berufsperspektive zu entwickeln.

Die Ausstellung "Fürs schöne Geschlecht" geht den skizzierten Problemfeldern nach: Sie widmet sich in sechs Abteilungen dem Lesepublikum, der Präsentation, den Verlegern, Herausgebern und Autoren, dem Programm und dem Frauenbild der Almanache. Mit Blick auf den Ausstellungsort Bamberg gilt ein eigener Teil den Almanacherzählungen E.T.A. Hoffmanns. In einem kleinen Abschlußkapitel - "der Vervollständigung des Katalogs gewidmet" - werden auf spielerische Weise die aktuellen Bezüge des Themas vorgeführt.
Katalog und Ausstellung entwickelten sich aus einer Lehrveranstaltung der Universität Bamberg, die Frauenalmanache aus der ersten Hälfte des 19. Jahrhunderts untersuchte. Die Beiträge sind von den Studentinnen und Studenten des Seminars erarbeitet worden; von Beate Bauer, Susanne Brechter, Jörg Brehmer, Petra Flache, Dagmar Gramkow, Ulrike Lutz, Kerstin Meyer, Catrin Obermann, Martina Rolland, Michaela Wächter, Stefanie Wendland, Birgit Ziegler.
Als Anschauungsmaterial diente eine Sammlung von Taschenkalendern, die in der Bibliothek des Erzbischöflichen Priesterseminars Bamberg entdeckt wurde. Diese Frauentaschenbücher aus dem "Nachlaß Thünefeld" bilden daher auch das Kernstück der Ausstellung. Daß es sich dabei um eine repräsentative Auswahl handelt, dokumentieren weitere Frauenkalender aus anderen fränkischen Bibliotheken.

Die besondere Attraktivität der Almanache in ihrer Zeit beweist das Bestehen einer Almanachgesellschaft in Bamberg, deren Akten aus den Jahren 1825 und 1826 hier erstmals gezeigt werden.

Danksagung

Die Ausstellung "Fürs schöne Geschlecht" entstand als gemeinsames Projekt der Otto-Friedrich-Universität mit der Staatsbibliothek Bamberg. Besonderer Dank gilt daher Herrn Bibliotheksdirektor Dr. Bernhard Schemmel, der das Projekt nicht nur institutionell förderte, sondern darüber hinaus durch kompetenten Rat von Anfang an unterstützte und den Katalog durch einen wissenschaftlichen Beitrag zur Bamberger Almanachgesellschaft ergänzt.
Ebenso zu danken ist Frau Barbara Pannewick, der Leiterin der Bibliothek des Erzbischöflichen Priesterseminars Bamberg, die es ermöglichte, den "Nachlaß Thünefeld" im Rahmen einer Lehrveranstaltung einzusehen und erstmals der Öffentlichkeit zugänglich zu machen. Die intensive und fruchtbare Zusammenarbeit mit Frau Dr. Ursula Rautenberg von der Bibliothek Otto Schäfer in Schweinfurt half vor allem, eine Reihe besonders kostbarer Kalender zu zeigen.
Den Institutionen, die weitere Exponate zur Verfügung stellten, sei hiermit ebenfalls gedankt, insbesondere Frau Carla Lossnitzer vom Coburger Puppen-Museum. Ein besonderer Dank geht auch an die privaten Leihgeber.
Dankenswerterweise unterstützten die Universität Bamberg und der Universitätsbund das Vorhaben des Seminars in finanzieller Hinsicht.

Für sein großes persönliches Engagement bei der Herstellung des Ausstellungskatalogs sei Herrn M. Meisenbach herzlich gedankt.

Bamberg, im Oktober 1992 *Lydia Schieth*

Siglenverzeichnis
Bibliothek Otto Schäfer, Schweinfurt (BOSS)
Bibliothek des Erzbischöflichen Priesterseminars Bamberg (BPB)
Landesbibliothek Coburg (LBC)
Staatsbibliothek Bamberg (SBB)

Fotonachweis
Foto Limmer, Bamberg
rüger design, Bischberg

I. "Belletristen und Belletristinnen"
Der Frauenalmanach und sein Publikum

Die systematische Geschichte der Leserin beginnt im 18. Jahrhundert. Zuvor beschränkte sich die Lesefähigkeit bei Frauen auf eine exklusive Schicht von Adeligen und Nonnen. In den Salons der Aristokratinnen wurde ebenso selbstverständlich gelesen, übersetzt und über Literatur diskutiert wie in den Frauenklöstern - doch geschah beides unter Ausschluß der Öffentlichkeit.

Erst die Aufklärung brachte Lesen und Erziehung miteinander in Verbindung und stellte zugleich hierfür eine Öffentlichkeit her. Nun wurde das Bedürfnis nach Wissen und Lektüre in den verschiedenen Schichten der Bevölkerung geweckt. Was vorher den Vertretern der feudalen und klerikalen Oberschicht vorbehalten war, nämlich überhaupt einen Zugang zu Büchern zu haben, weitete sich auf immer mehr Mitglieder der Gesellschaft aus. Dem erwachenden Lesebedürfnis der breiten Masse kamen neu geschaffene Institutionen wie Lesekabinette und Leihbibliotheken entgegen, die "Lesen ohne Kaufen" ermöglichten. Doch auch wenn der Weg zum Buch prinzipiell allen offenstand, hörte die "Lesewuth" doch beim Mittelstand auf. Denn trotz der aufklärerischen Bemühungen wurde die Zahl der Analphabeten um 1800 auf etwa 75% geschätzt.[1] Und selbstverständlich mußte auch ein gewisses Maß an Freizeit und Muße vorhanden sein, um sich dem Hobby Lesen widmen zu können. Die Unterschicht kam als literarisches Publikum daher nicht in Frage - die Leserinnen rekrutierten sich hauptsächlich aus den Reihen des aufsteigenden Bürgertums, etwa der Verwaltungsbeamten, Pädagogen und Ärzte. Bildung bekam einen immer größeren Stellenwert, war Statusmerkmal, und Lesen gehörte zum Prestige der mittelständischen Schicht. Dabei stand zunächst die Nützlichkeit des Lesens im Mittelpunkt. Die Lektüre sollte die praktischen Kenntnisse erweitern, sollte den Elementarunterricht vertiefen und der religiösen Unterweisung dienen. Dieses Programm vertraten die Moralischen Wochenschriften, die außerdem für die Leserinnen Vorschlagslisten mit dem geeigneten Lesestoff veröffentlichten. Ihr Programm sah aber auch Unterhaltung vor: Fabeln, Rätsel und kleinere moralische Erzählungen. Daß es dabei um das richtige Verhalten der Frau in Ehe und Familie ging, versteht sich von selbst. In der zweiten Hälfte des 18. Jahrhunderts wagten erstmals auch Frauen mit einem solchen publizistischen Unternehmen an die Öffentlichkeit zu treten. Sophie la Roche (1730-1807) widmet sich in ihrer Frauenzeitschrift *Pomona* ausdrücklich dem weiblichen Publikum. Mehr und mehr wurden die Frauen zum wichtigsten Publikum der Belletristik. Das Lesen der neuesten Romane von Jean Paul, Tieck und Goethe - und das Gespräch über die aktuellen Almanache gehörten nun zum guten Ton. Die aufwendige Gestaltung der Bücher - auch für das Bürgertum - zeichnete vor allem die Taschenbücher aus. Das repräsentative Moment der Lektüre betonen etwa Porträts, in denen Frauen mit einem Buch als Statussymbol dargestellt werden. Die Klagen über die Lesesucht der Frauen hatte schon die Publizistik des 18. Jahrhunderts am Leben erhalten. Nun in der Zeit des Biedermeier erfaßte die Antilesekampagne auch die Frauen, die bis dahin kaum lesen konnten - die jungen Mädchen, die Dienstboten, "die einfachen Frauen aus dem Volk". Daß die Frauen zuhause saßen und ihre Phantasie auf Reisen schickten, das verunsicherte die Öffentlichkeit zunehmend. Lesen sei eine Kompensation für ein unglückliches, unbefriedigtes Leben, die Frauen verstiegen sich in erotische Wunschträume... - so lauteten die Argumente. Schleunigst versuchte man die Lektüre zu "veröffentlichen", die Frau in der Rolle der Vorleserin zu zeigen.

Für die Leseforschung sind die Almanache nicht zuletzt deshalb von Interesse, weil sie Lektürevorlieben der Zeit widerspiegeln. Verlagsanzeigen, aber vor allem die "Kupfergallerien" zu berühmten Werken großer Dichter sind ein aussagekräftiger Katalog dessen, was man in Deutschland zwischen 1800 und 1850 las. Und da sicher ist, daß viele der Kalender gekauft und verschenkt wurden - ein Umstand, den die Verleger sehr wohl ins Kalkül zu ziehen wußten - läßt sich über die dort veröffentlichten Texte auch die Beliebtheit der zeitgenössischen Autoren ermitteln. Dieses Potpourri mußte anspruchsvoll verpackt dem Publikum als Weihnachtspräsent auf den Tisch gelegt werden, möglichst im verzierten Schuber mit zierlichem Messerchen zum Aufschneiden der Bögen. Auch Herder schenkt seiner Tochter einen Taschenkalender: "Hier hast Du einen Taschenkalender. Das Gedicht ist hübsch und in vielen Stellen sehr lehrreich, in andern etwas zu kleinstädtisch und langweilig. Die Dorothea ist aber sehr brav, und da Du Theodora heißest (was eben der Name ist), so nimm sie Dir in dem, was brav ist, zum Muster! [...] Die Mutter schickt Dir einen Pelz; ich schicke Dir nur einen Taschenkalender, aber auch der ist ein gutes Vergißunsernicht."[1]

Ob die Almanache gelesen wurden, wissen wir nur aus wenigen Beispielen. Ein besonders interessantes

Beispiel ist die Almanachgesellschaft, die sich 1825 in Bamberg konstituierte. Die Unterlagen des Vereins, die hier erstmals gezeigt werden, enthalten nicht nur eine Liste mit bestellten Almanachen, sondern auch ein Verzeichnis, nach welcher Reihenfolge die einzelnen Mitglieder die neuen Kalender ausleihen durften.

---

[1] Vgl. Rudolf Schendas Schätzungen von 15% Lesenkundigen um 1770, 25% um 1800 und 40% um 1830, in: Rudolf Schenda: Die Lesestoffe der Kleinen Leute: Studien zur populären Literatur im 19. und 20. Jahrhundert, München 1976, S. 38. Detaillierte Angaben zur Lesefähigkeit gibt Rolf Engelsing, der soziale, wirtschaftliche und regionale Faktoren berücksichtigt. Vgl. Rolf Engelsing: Analphabetentum und Lektüre. Zur Sozialgeschichte des Lesens in Deutschland zwischen feudaler und industrieller Gesellschaft in Deutschland, Stuttgart 1973, S. 56ff.

[1] Herder an seine Tochter Luise 1797, zit. nach W. Dobbek (Hg.): Herders Briefe. Weimar 1959, S. 380.

Lydia Schieth und Stefanie Wendland

Katalogteil

NR. 1 LESENDES NÖNNCHEN
Die kleine Figur am Chorgestühl des Westchores im Bamberger Dom (Parler-Werkstatt, um 1380) ist ein Beispiel für die früheste Form weiblicher Lesetätigkeit. Ihr Blick ist nach unten auf das Buch gerichtet, konzentriert - der Daumen markiert die Zeile.
Lit.: Bruno Neundorfer: Der Dom zu Bamberg. Mutterkirche des Erzbistums. Bamberg 1987, S. 65-69f.
Foto Limmer, Bamberg

Nr. 2 Pomona. Für Teutschlands Töchter. Herausgegeben von Sophie La Roche. Speier 1783 und 1784

Die Aufklärung sah zwar im Lesen eine nützliche, sinnvolle Beschäftigung für Frauen - jedoch nur unter bestimmten Bedingungen: 1. Lesen durfte keine anderen häuslichen Arbeiten verdrängen; 2. Die Lektüre mußte der Weiterbildung bzw. der sittlichen Vervollkommnung dienen (deshalb riet Sophie La Roche ihren Leserinnen sich Exzerpte anzufertigen); 3. Lesen mußte in aller Öffentlichkeit vor sich gehen. Die berühmteste deutsche Schriftstellerin Sophie La Roche (1730-1807) brachte es mit ihrer Zeitschrift zwar nur auf zwei Jahrgänge, doch setzte sie mit ihrem sehr realitätsbezogenen Konzept, der Mischung aus Information, Unterhaltung, geistreicher Plauderei und praktischen Tips, Maßstäbe.

Aufgeschlagen: Titelblatt des 1. Jahrganges.

Lit.: Dagmar Grenz: Mädchenliteratur. Von den moralisch-belehrenden Schriften im 18. Jahrhundert bis zur Herausbildung der Backfischliteratur im 19. Jahrhundert. Stuttgart 1981.

UB Augsburg I5 259 1783

Nr. 3 Denkmahl der Freundschaft und Liebe ein Neujahrgeschenk in's Strickkörbchen 1797

In keinem Falle durfte eine Frau mit ihrem bei der Lektüre erworbenen Wissen prahlen. Daher sollte sie zwar immer darauf vorbereitet sein, über ihre Lektüre Rechenschaft abzugeben, Bücher sollte sie nach Möglichkeit nicht offen herumliegen lassen, um auf keinen Fall den Eindruck zu erwecken, sie sei eine Gelehrte. Strick- und Arbeitsbeutel eigneten sich daher hervorragend zur Tarnung von Lektüre, ein Gesichtspunkt, auf den findige Herausgeber gar zu gerne

verwiesen und der umgekehrt auch von den Rezensenten in Betracht gezogen wurde: "das nach seiner äußeren Form und Bogenzahl auf weite Taschen berechnete Frauentaschenbuch" scheint dem Kritiker in einer Rezension in der *Jenaischen Allgemeinen Literatur-Zeitung* Nr. 184, Oktober 1820, Sp. 42, daher bedenklich.
Aufgeschlagen: Titelblatt
Lit.: Helga Meise: Die Unschuld und die Schrift. Deutsche Frauenromane im 18. Jahrhundert. Berlin/Marburg 1983.
LBC Alm 14

NR. 4 KLEINER FRAUENZIMMER TASCHENKALENDER ZUM NUTZEN UND VERGNÜGEN EINGERICHTET 1782
Die Almanache der Spätaufklärung betonen noch im Titel die Nützlichkeit. In der Tradition der Moralischen Wochenschriften stehend sollen sie zwar auch die Musestunden der Hausfrau füllen, die sich gerne an den Kupfern und Sinnsprüchen ergötzt, wichtiger jedoch sind die praktischen Hinweise. Die Umrechnungstabellen erwiesen sich in einem Zeitalter, das ebenso viele Währungen wie Herzogtümer kannte, als besonders hilfreich.
Abb.: Titelblatt und Umrechnungstabelle (verkleinert)
BOSS: Klei 1782/1

Conventions-Thaler zu 100 stüber in Rthlr p. 60 stüb. und p. 80 u. 78 alb.

Conv. Thaler	v. 60 stüb rthl.	stü	ver 80 Alb. rthl.	alb	hl	ver 78 Alb rthl.	alb	hl
1	1	40	1	53	4	1	55	4
2	3	20	3	26	8	3	32	8
3	5	⸗	5	⸗	⸗	5	10	⸗
4	6	40	6	53	4	6	65	4
5	8	20	8	26	8	8	42	8
6	10	⸗	10	⸗	⸗	10	20	⸗
7	11	40	11	53	4	11	75	4
8	13	20	13	26	8	13	52	8
9	15	⸗	15	⸗	⸗	15	30	⸗
10	16	40	16	53	4	17	7	4
11	18	20	18	26	8	18	62	8
12	20	⸗	20	⸗	⸗	20	40	⸗
13	21	40	21	53	4	22	17	4
14	23	20	23	26	8	23	72	8
15	25	⸗	25	⸗	⸗	25	50	⸗
16	26	40	26	53	4	27	27	4
17	28	20	28	26	8	29	4	8
18	30	⸗	30	⸗	⸗	30	60	⸗
19	31	40	31	53	4	32	37	4
20	33	20	33	26	8	34	14	8

C 2

NR. 5 LEIPZIGER TASCHENBUCH FÜR FRAUENZIMMER ZUM NUTZEN UND VERGNÜGEN AUF DAS JAHR 1800
Der Innentitel lautet: Frauenzimmer Almanach zum/ Nutzen u. Vergnügen/ für das Jahr/ 1800. 1784 gab Karl Claudius (Ps. Franz Ehrenberg) erstmals einen Leipziger Frauenzimmer-Almanach heraus, der 1815-1820 von Friedrich Rochlitz fortgesetzt wurde. "Ein wahres Taschenbuch, für das Täschchen der Dame geeignet! Es enthält Gedichte, Erzählungen, Artikel über Staaten-, Völker- und Naturgeschichte (mit Illustrationen und Kupfern). Lieder mit Notenbeispielen, Bildbeispiele neuster Kleidung und neusten Kopfputzes (bes. aus England und Frankreich). Beiträge über die Toilette. Schönheit ist der eigentliche Kern weiblichen Daseins: 'Der Trieb gefallen zu wollen ist dem schönen Geschlecht gleichsam von der Natur angebohren, und äußert sich schon in der zartesten Kindheit desselben'" (zit. nach Schumann, S. 153f.) Wenn auch die Informationen in kleinen Häppchen geboten werden und auch die belehrenden Aufsätze, "mehr Plaudereien als ernste Abhandlungen" sind, eine "Auswahl von Gedichten, kleine Erzählungen [...] ein ländlicher Briefwechsel und moralische Szenen" (Lanckoronska/ Rümann, S. 62f.) das Programm abrunden, so möchte der Herausgeber doch den Leserinnen nicht nur seichte romanhafte Lektüre zum Jahreswechsel offerieren.
Abb.: Titelblatt (verkleinert)
Lit.: Mix, S. 49f.
BOSS Leta 1784/18

Leipziger Taschenbuch

für

Frauenzimmer

zum

Nutzen und Vergnügen

auf das Jahr 1800.

Mit Kupfern.

Leipzig,

bey Adam Friedrich Böhme.

NR. 6 ALMANACH DER BELLETRISTEN UND BELLETRISTINNEN FÜR'S JAHR 1782
Aufgeschlagen: Titelblatt
Lit.: Goedeke IV, S. 354.
BOSS Albe 1782/1

NR. 7 ALMANACH DES MUSES. 1782/ 1784
1765 begründete Claude Sixte Sautreau de Marsy die Tradition der jährlich erscheinenden Anthologien "beachtenswerter Poesien eines Jahres". Bereits die französischen Vorbilder wußten sich besonderer Gönner zu versichern. Die französischen Originale gehörten bei den Damen des deutschen Adels zur beliebten Lektüre.
Aufgeschlagen: Dedication 1782
Lit: Mix, Die deutschen Musenalmanache, S. 18.
LBC Alm 387

NR. 8 EHRET DIE FRAUEN 1835
"Weibliches Lesen wird im Bürgertum in dem Maße und in die Richtung gefördert, wie es als Statusarbeit funktional ist. Das meint zunächst die offen von allem 'Nutzen' entlastete Lektüre als 'demonstrativer Konsum'. In dem nach 1800 entwickelten bürgerlichen Schulwesen ist [...] von vornherein für die Töchter des Bürgertums ein größerer Umfang der Beschäftigung mit deutscher Literatur vorgesehen als für die Jungen. Und von den Lesepropädeutiken und Lebensregeln des frühen 19. Jahrhunderts wird den Frauen sogar ausdrücklich die 'interesselose' Lektüre der 'zweckfreien' Werke der deutschen Klassik empfohlen. Doch dabei dürfen sie nicht etwa lesen, bloß um 'sich durch Bücherlesen zu vergnügen' (Campe). - Auch Status-Arbeit ist schließlich Arbeit. Genauer: Sie sollen 'zweckfreie' Texte lesen, dieses

Lesen darf aber seiner Qualität nach nicht zweckfrei sein. Es muß schon deshalb mit der nötigen Ernsthaftigkeit betrieben werden, weil es - bereits im späten 18. Jahrhundert, aber dann im 19. Jahrhundert immer massiver - vom bürgerlichen Bildungsbegriff erfaßt wird und über diesen nicht nur das Fremdbild prägen soll, sondern (vielleicht noch wichtiger) das Selbstbild tatsächlich prägt, bürgerliche Identität sichert. [...] Der scheinbare Widerspruch, daß Frauen lesen sollen, aber nicht als 'gelehrte Frauenzimmer', als Pedantinnen erscheinen sollen (und in der Regel auch nicht wollen) löst sich so auf: Für das Bürgertum trennen sich in der 2. Hälfte des Jahrhunderts endgültig 'Bildung' und 'Ausbildung'. Und nun würde es die weibliche Rolle verlassen, 'von Gelehrsamkeit Profession zumachen' bzw. die 'Bildung' in einer Weise zu betreiben, die nur als berufs-, als erwerbsorientierte Sinn macht." (Schön, S. 35.)
Aufgeschlagen: The Sisters, Titelstahlstich
Lit.: Erich Schön: Weibliches Lesen: Romanleserinnen im späten 18. Jahrhundert. In: Helga Gallas/ Magdalene Heuser (Hgg.): Untersuchungen zum Roman von Frauen um 1800. Tübingen 1990, S. 20-40.
LBC Alm 352

NR. 9 CYANEN. TASCHENBUCH FÜR 1839

"Windet zum Kranze die goldenen Ähren,/ Flechtet auch blaue Cyanen hinein!" Schillers Gedicht dient als Motto dieses Taschenbuchs. Ähnlich wie Lilien, Iris und Immergrün ist es ein typisches Produkt der Wiener Damenkalenderproduktion. Die kostbare Ausgabe (Goldschnitt, Schuber) enthält 6 Stahlstiche zu den Erzählungen. Alle zeigen Frauen in festlicher Toilette.

Abb.: Clémence de la Faille. Stahlstich zur gleichnamigen Erzählung von A. Freiherr von Fahnenberg (verkleinert auf 89,2 %).

Lit.: Lanckoronska/ Rümann, S. 100. Ingeborg Weber-Kellermann: Frauenleben im 19. Jahrhundert. München 1983.

BPB Ze 4 C 03

Clémence de la Tuille.

Nr. 10 Vielliebchen. Historisch-Romantisches Taschenbuch für 1846

Gräfin Adele, die Titelheldin der Novelle "Die Rebellin" von Bernd von Guseck, wird als ein couragiertes und intelligentes Mädchen beschrieben, dessen Aufbegehren gegen die herrschenden Konventionen sich vor allem in regelmäßiger Lektüre äußert. "Ihre Tochter liest wohl passioniert die Zeitungen?" (S. 121) spöttelt eine "hagere Dame von ungewissen Jahren" (ebd.). Adele zieht jedoch durch ihr ungewöhnliches Interesse am Zeitgeschehen die Aufmerksamkeit einiger junger Männer auf sich. Am Ende hat sie nicht nur als eine der wenigen in der von Aufständen heimgesuchten Metropole Brüssel ausgeharrt, sie hat auch erkannt, daß die um sie werbenden Kavaliere ihren Ansprüchen nicht genügen. Die Geschichte endet mit der Entscheidung Adeles, nicht zu heiraten. Dennoch - den Herausgebern des Taschenkalenders schien eine andere Szene geeigneter für die Darstellung im Damenkalender: "Sich zu beruhigen, nahm Adele ein Album zur Hand, blätterte darin, besah Bilder, ließ dann die Hand sinken, stützte sich mit der andern auf die Seitenlehne und gab sich stillen Träumen hin. Einmal störte sie noch die Erinnerung an [...], daß sie die Augen, die schon halb geschlossen waren, hell aufschlug; aber sie schüttelte nur ein wenig den Kopf und neigte ihn wieder - sie war so müde, zu müde um das Bett zu suchen. Sie kennen diesen Zustand wohl auch, meine jungen Damen, nach langen, langweiligen Gesellschaften?" (S. 230).

Aufgeschlagen: Stahlstich Adele, unpaginiert zwischen S. 230 und 231

BPB Ze 4 V 03

NR. 11 CORNELIA 1819
Hatten Künstler und Pädagogen erst gegen Ende des 18. Jahrhunderts die Rolle der Mutter als Erzieherin wirkungsvoll in Szene zu setzen gewußt, so wußte das 19. Jahrhundert das Motiv der unterrichtenden Mutter vielfältig zu variieren. Vor allem die Erziehung der Töchter, die im Gegensatz zu den Söhnen zu Hause blieben, galt es darzustellen.
Abb.: Umschlag, Rückseite
Lit.: Günter Häntzschel (Hg.): Bildung und Kultur bürgerlicher Frauen 1850 - 1918. Tübingen 1986, Einleitung.
BBP Ze 4 C 03

Nr. 12 Eine Bamberger Almanach-Gesellschaft von 1825/26

"Da die Almanachs-Literatur immer eine der vorzüglichsten ist, aber ihrer Kostspieligkeit wegen nur wenigen vergönnt, sie vollständig anzuschaffen, so haben mehrere hiesige Bewohner den Wunsch geäußert, es möchte eine Gesellschaft zusammen treten, die vorzüglichsten Almanache anschaffen und unter sich zirkulieren lassen, und sie dann unter die Theilnehmer zu verloosen, so, daß jeder noch einen bekommen müßte. Nehmen sehr viele daran Theil (wenigstens müssen 30 unterschrieben seyn) so ist die Einlage unbedeutend; auf jeden Fall darf sich dieselbe nicht über 3 1/4 f belaufen. Die Theilnehmer bestimmen unter sich selbst, wie die Almanache zirkuliren sollen, und wie lange jeder daran lesen darf. Nach einem halben Jahre werden sie verlooset und jeder muß einen gewinnen."

Was als "Gründungsaufruf" einer Bamberger Almanach-Gesellschaft am 20. Januar 1825 formuliert und von 19 Personen unterzeichnet wurde, ist Teil eines glücklichen Fundes bei systematischer Suche in anderem Zusammenhang,[1] aufbewahrt unter unspezifizierten handschriftlichen Rechnungsmaterialien der Staatsbibliothek Bamberg.[2] Die Vorstellung des bisher unbekannten Materials gibt dem Almanach-Projekt mit einem weiteren Bamberg-Bezug einen nicht unwillkommenen Farbtupfer.

Die Zugehörigkeit zu den Materialien des Bamberger Graphikforschers und -sammlers Joseph Heller (1798-1849) läßt vermuten, daß dieser maßgeblichen Anteil an der Gründung hatte. Er selbst führt allerdings am 10.1.1826[3] aus, daß nicht er die Gesellschaft gegründet habe, daß man ihm aber für 1825 das Einkaufen und die Zirkulation übertragen habe; dies geschah jedenfalls auch für das darauffolgende Jahr. Wie seine in der Staatsbibliothek vorhandenen bibliographischen Hilfsmittel beweisen, war er der geeignete Mann für die ihm übertragene Aufgabe. Man wird ihn darüber hinaus aber durchaus als den Spiritus rector der Gesellschaft anzusehen haben, zumal auch die Verlosung in seinem Haus stattfand.

Die Almanach-Gesellschaft hat insgesamt 65 Mitglieder gehabt. Von diesen ist allerdings nur knapp die Hälfte für beide Jahre nachgewiesen, was auf eine große Fluktuation schließen läßt. Die Verifizierung der in der Regel ohne Vornamen und Berufsangabe überlieferten Namen ist nicht immer einfach. Immerhin sind aber fast zwei Drittel mit ziemlicher Sicherheit mit den Mitgliedern der älteren Bamberger Lesegesellschaften identisch, 35 mit dem "Neuen Museum" und 4 mit dem alten "Museum".[4] Das weist auf eine grundlegende geistige Aufgeschlossenheit dieses Personenkreises hin. Mit solchen Vergleichslisten und dem Bamberger Adressbuch von 1825, das ein Namensregister hat,[5] lassen sich drei Viertel der Namen einigermaßen zuordnen.

Die Sozialstruktur fügt sich in das vom "Museum" bzw. "Neuen Museum" her Bekannte ein, was nicht verwunderlich ist. Der Bereich der Verwaltung einschließlich der Juristen dominiert auch in der Almanach-Gesellschaft, er macht sogar nahezu die Hälfte aus. Die nächst größte Gruppe mit einem Fünftel sind die Kaufleute, gefolgt von der etwa halb so großen Gruppe der Ärzte. Geistliche und Militärs sind nur mit Einzelnennungen vertreten, dagegen drei Privatiers. Es gibt überdies zwei weibliche Mitglieder, die Kaufmannswitwen Barbara Kratzer und Regina Riboudet. Daß die Damen entscheidend mit profitiert haben, zeigt sich im übrigen darin, daß

Geiger, mit Antheil.
Kirch. tritt bei.
Dangel. Heller.
Bauer
Schilling. Dr.
Jick. Bihl.
Franz Hober.
Sturm
Jungleib II
L. Ledergerw.
Friedr. Eberlein
C. E. Schaupp
J. M. Braun
Luther Lieb
Dossio

einmal die Advokatenfrau Kreuzer in einer Liste aufscheint. Bekannte Namen sind u. a. der Gerichtsdirektor Christoph Dangel (1826), der Postmeister von Grafenstein, der quieszierte Oberjustizrat Franz Ludwig von Hornthal (1826), der Bibliothekar Heinrich Joachim Jaeck (1826), der Kaufmann und Tabakfabrikant Johann Peter Raulino, der Herzogliche Kabinettsekretär und Maler Carl von Theodori (1826) und der vom Kunstverein her bekannte Arzt Dr. Adam Ziegler.[6]

Unter den Unterlagen gibt es ein Blatt mit 37 Namen, offensichtlich eine Liste anzusprechender Persönlichkeiten. Von diesen sind nur 15 Mitglieder geworden, interessanterweise die drei dort aufgeführten Damen, Frau Maier, Frau Groß und die "Hausmannin", nicht.

Die Gesellschaft hat insgesamt 47 Almanache (u. ä.) über zwei Jahre hinweg gehaltenen und gelesenen. Geliefert wurden sie laut erhaltenen Rechnungen von Carl Friedrich Kunz, Johann Casimir Dresch und von der Drausnickschen Buch- und Kunsthandlung. Die bibliographische Verifizierung[7] bereitet mit wenigen Ausnahmen keine Schwierigkeiten (ein unklarer Fall nicht mitgezählt). Das, und das Vorkommen in bekannten und hier erstmals vorgestellten weniger bekannten Almanach- Sammlungen beweist, daß es sich keineswegs um eine beliebige Auswahl des Verfügbaren handelt. Inhaltlich zeigt sich eine bemerkenswerte Bandbreite, die von der Lektüre und der Zerstreuung zu biedermeierlicher Geselligkeit, Musik, Gesang und Spiel reicht, ja sogar Geschichte und Genealogie berücksichtigt. Allerdings äußerten einige Mitglieder, "daß jene Almanache, welche sehr trockenen Inhalts sind, z. B. genealogische, nicht mehr angeschafft würden, dagegen aber andere, gehaltvollere Schriften...". Bemerkenswert ist im übri-

1. Aglaja 1826 ———— Gf 18.

2. Aurora ———————— 2. 24.

3. Castelli, Dichtung u. Frauenb. 24.

4. Clauren, Vergißmeinnicht 3. 36.

5. Castelli dram. Sträußchen 2. 45.

6. Cornelia ———————— 4. —

7. Curiositäten Almanach 2. 42.

8. Frauentaschenbuch —— 3. 36

9. Euphrasia v. Fröhlich — 1. 48.

10. Gelehrten Almanach — 2. 45.

11. Herzblumenlose Taschenb. 3. —

gen, daß eine Reihe von Almanachen sich, meist schon im Titel oder Untertitel, direkt an Frauen wendet, also die eigentlichen Konsumenten derartiger Literatur anspricht, z. B. *Aglaja*, *Aurora*, *Cornelia*, *Frauentaschenbuch*, *Penelope*, *Urania* usw.

Die Zirkulationspraxis war folgendermaßen geregelt: "Jedes Mitglied behält einen Almanach 8 Tage, giebt ihn an seinen Nachmann ab und erhält am nämlichen Tag einen andern von seinem Vormann." Einen eigenen Boten gab es nicht. Womöglich läßt eine Liste von 1826, auf der Namen und einzelne identische Adressen notiert sind, die nicht immer die Wohnungen bzw. Arbeitsstätten (z. B. Post, Neue Residenz) sind, auf gewisse private Treffpunkte oder gar Zirkel schließen, wo der Austausch vorgenommen wurde. - Die Einlage betrug 3 fl. 30 kr., also einen Viertelgulden mehr als ursprünglich angekündigt.

Vor der Verlosung wurden die Mitglieder zur Rückgabe aufgefordert; der gewählte Ton in den Schreiben läßt zuweilen auf Säumigkeit schließen. Die Mitglieder nahmen durch Unterschrift und/bzw. entsprechende Bemerkung Kenntnis, so durch die Beteuerung, man habe keine Almanache mehr in Händen, manchmal fast mit dem Unterton der Entrüstung: "hat solchen zu seiner Zeit abgegeben", "hat zur gehörigen Zeit den Almanach zurückgegeben", "schon längst den Almanach zurückgegeben", "hat den letzten vor 4 Monaten abgeliefert".

Die Verlosungen fanden am 15. Januar und 26. Dezember 1826 im Haus Hellers statt. Dabei wurde, wie die genau protokollierten Listen mit den Almanachen und den Mitgliedernamen ausweisen, so vorgegangen, daß die Almanache Nummern erhielten, zu denen ein Mitgliedsname gezogen wurde. Daß die Verlosung "unparteyisch in der vorstehenden Art geschehen sey", bezeugen jeweils drei Mitglieder, unter ihnen Heller, durch Unterschrift. 1825 standen 38 Publikationen zur Verfügung, im Jahr darauf 30; beides entsprach der Mitgliederzahl.

Derartige Vereinigungen privater Art haben es an sich, wenig "Greifbares" zu hinterlassen. Um so erfreulicher ist es, wenn über Umwege doch einzelne Bände nachweisbar sind. Beim Vergleich der Bestände der Staatsbibliothek mit der aufgestellten Titelliste der Gesellschaft ergab sich immerhin ein Fall, der die Herkunft aus Gesellschaftsbesitz beweist. Es handelt sich um "Moosrosen. Taschenbuch auf das Jahr 1826. Hrsg. von Wolfgang Menzel".[8] Der Band stammt zwar aus dem Vorbesitz des Gymnasialprofessors Oskar Krenzer (1857-1939), trägt aber im Vordertitel innen eingeklebt ein braunes Schildchen mit dem Stempelaufdruck "'Keilholz' Nr: 135". Keilholz war 1826 Mitglied der Gesellschaft und ist auch im "Neuen Museum" nachgewiesen; es handelt sich, da die übrigen Namensträger im Adressbuch von 1825 Gärtner sind, um den Kaufmann und Magistratsrat Gabriel Keilholz, der mit drei Adressen (Weide, Markt, und Theresienplatz) erscheint. Falls noch ein Zweifel angebracht sein könnte - die Verlosung vom 26. Dezember 1826 weist Keilholz die Nr. 2 der Almanachliste "Moosrosen" zu, und die Übergabe ist durch Bleistifthaken "quittiert". Die im Band handschriftlich eingetragene Nummer bedeutet, daß es in der anscheinend größeren Bibliothek mindestens 135 Bücher gegeben hat. - Bei zwei anderen Bänden, dem *Münchner Theateralmanach* 1825 und J. G. Bornmanns *Gelehrten-Almanach* von 1826, ebenfalls Einzelstücken, wäre über Zwischenbesitzer die Herkunft aus der Almanach-Gesellschaft möglich, doch ist diese nicht nachweisbar.

Deutlich tritt bei der Gesellschaft die demokratisch-gesellschaftliche Tendenz hervor: man schließt sich

Moosrosen

TASCHENBUCH
für
1826

herausgegeben
von
Wolfgang Menzel

Mit Ludwig Uhlands Bilde.
STUTTGART,
in der J. B. Metzler'schen Buchhandlung.

«REILHOLZ»
Nro: *135*

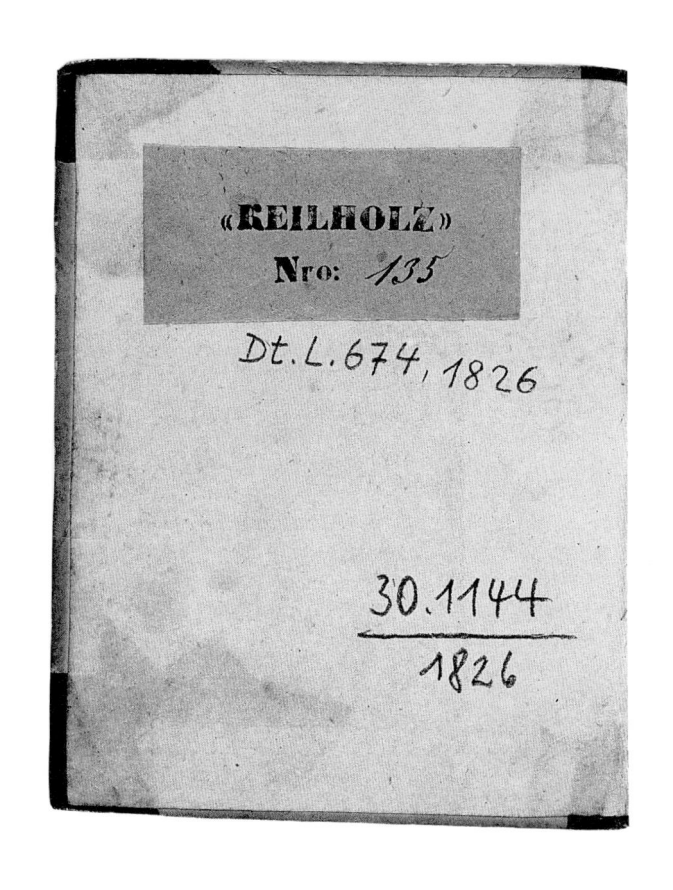

Dt.L.674, 1826

30.1144
―――――
1826

wegen der damals sehr hohen Kosten für Publikationen zusammen, hat einen stets welchselnden interessanten Lesestoff und bekommt schließlich ein Exemplar zu eigen, den Gegenwert für das, was man bezahlt hat. Von dem alten "Museum" unterscheidet sich dieses Modell durch die Verteilung der Literatur an die Mitglieder - Heinrich Joachim Jaeck (1777-1847) hatte die Zeitschriften auf Kosten der Mitglieder gebunden nach dem Umlauf seiner Bibliothek, also der (heutigen) Staatsbibliothek, überwiesen. Beim "Neuen Musem" bzw. der "Harmonie" wurde eine eigene Bibliothek aufgebaut, die freilich letztendlich (wenn auch nur in den erhaltenen Resten) auch in die Staatsbibliothek einfloß.[9]

Da diese öffentliche Bibliothek aus Mangel an Dotation die aktuellen Bildungsbedürfnisse der Einwohner selbst nicht ausreichend befriedigen konnte, griff man also zur bürgerlichen Selbsthilfe. Während "Museum" und "Neues Museum" für aktuelle Sachliteratur in Form von Zeitschriften sorgten, ging es nun bei den Almanachen um schöne Literatur, Belletristik, und zwar in der aktuellen Form, wie sie damals - vorzugsweise von Frauen - konsumiert wurde.

Warum die Almanach-Gesellschaft einging, ist letztlich nicht ganz eindeutig. Zwar sind im zweiten Jahr weniger Mitglieder insgesamt vorhanden, doch wird die letzte von Heller unterschriebene Aufforderung vom 18.Dezember 1826 nur noch von 10 Mitgliedern zur Kenntnis genommen. Bis auf einen traten alle aus. Damit war das Limit für das Funktionieren - 30 Mitglieder - längst nicht erreicht. Daß das 1826 an der damaligen Kgl. Bibliothek wieder begründete "Neue Museum" eine Konkurrenz gewesen wäre, ist weder von der Mitgliederzahl noch von der unterschiedlichen Struktur der angebotenen Literatur her wahrscheinlich. Daß die große Zeit der Almanache zu Ende ging, kann auch nur eine periphere Rolle gespielt haben.

Neben den Bamberger Lesegesellschaften, der renommierten Leihbücherei des E. T. A. Hoffmann-"Freundes" Friedrich Carl Kunz sowie weiteren derartigen Leihinstituten Bamberger Buchhändler[10] wird also mit der Almanach-Gesellschaft eine nicht unbedeutende Facette des biedermeierlichen Bildungsbestrebens bürgerlicher Kreise Bambergs in Selbsthilfe bekannt. An ihr hatten die Frauen einen nicht unbedeutenden, aus den Mitgliederlisten freilich nicht deutlich genug werdenden Anteil.

---

[1] Durch Werner Taegert im Zusammenhang mit dem Stammbuch-Projekt, das mit der Publikation eines grundlegenden Bestandskatalogs im Rahmen einer Ausstellung der Staatsbibliothek Bamberg 1993 abgeschlossen sein wird. Ihm gilt herzlicher Dank für die Weitergabe.

[2] Staatsbibliothek Bamberg, J.H.Msc.oec.15. Vgl. Katalog der Handschriften der Königlichen Bibliothek zu Bamberg. Bearb. von Friedrich Leitschuh. Bd. 2: Die Handschriften der Helleriana. Mit einer Einleitung Joseph Heller und die deutsche Kunstgeschichte und dem Porträt Hellers. Leipzig 1887. S. 137: "Heller'sche Rechnungen, Conti u. s. w.".

[3] Gegen Anfeindungen des Weinhändlers Gotthilf Niezoldi jun., der in einer bei den Unterlagen befindlichen Interessentenliste, aber nicht als Mitglied, genannt ist: "Folglich kann durchaus keine Sprache von einem Hellerschen oder sonstigen Verein seyn".

[4] Dazu vgl. Bernhard Schemmel: Das Bamberger "Museum". Lesegesellschaften des frühen 19. Jahrhunderts. In: Bibliotheksforum Bayern 14 (1986) S. 50-68.

[5] Adreß-Handbuch für die Stadt Bamberg. Bamberg 1825.

[6] Da es sich hier um eine erste Übersichtsdarstellung handelt, und um den Rahmen des Katalogs nicht zu sprengen, wird auf detaillierte Nachweise verzichtet.

[7] Hans Köhring: Bibliographie der Almanache, Kalender und Taschenbücher für die Zeit von ca. 1750-1860. Hamburg 1929.- Ehrfried Baumgärtel: Die Almanache, Kalender und Taschenbücher (1750-1860) der Landesbibliothek Coburg. Wiesbaden 1970.- In Zweifelsfällen wurde auch das GV alt u. a. über Herausgeberrückweise herangezogen.

[8] Staatsbibliothek Bamberg, 30.1144/1826.

[9] Wie Anm. 4.

[10] Vgl. die Übersicht von Georg Jäger und Alberto Martino in A. M.: Die deutsche Leihbibliothek. Geschichte einer literarischen Institution (1756-1914). Wiesbaden 1990. S. 922-927.

Bernhard Schemmel

II. "Ey wie viel Kalender!"
Die Präsentation der Almanache

"Wie wärs, dacht ich, wenn ihr euch hinseztet, und ein Taschenbuch oder einen Almanach, oder so was ähnlichs zusammensudeltet, und um den lieben Groschen recensirtet, wie's wirklich Mode ist?" (Schiller, Die Räuber, I/ 2)

1. Zur Geschichte des Almanachs

Wenn man heute das Wort "Almanach" hört, denkt man zunächst an einen zu einem ganz bestimmten Anlaß veröffentlichten Querschnitt aus der Jahresproduktion eines Verlages.[1] Dies hat allerdings mit der ursprünglichen Bedeutung des Begriffs "Almanach" nicht mehr viel zu tun und stimmt selbst mit dem, was man noch in den letzten beiden Jahrhunderten - der Blütezeit der Frauenalmanache - unter dem Begriff verstand, nur teilweise überein.
Etymologisch gesehen beginnt die Geschichte des Almanachs im 13. Jahrhundert im ibero-arabischen Raum. Dort bedeutete "almanah" soviel wie "Zeittafel" oder "Kalender", stand also mit der von den Arabern in Spanien eingeführten Wissenschaft der Astronomie in Zusammenhang.[2] Seit dem 16. Jahrhundert war das Wort Almanach dann auch im Deutschen bekannt und bezeichnete hier zumeist ein bebildertes Jahrbuch, das neben dem Kalenderteil die verschiedensten Textbeigaben (so z.B. Prophezeiungen, Anekdoten, mancherlei Ratschläge für die unterschiedlichsten Lebensbereiche u.a.) enthalten konnte. Ab 1600 wandten sich die Almanache mehr und mehr auch an einzelne Stände und bestimmte Berufs- oder Personengruppen. Im 18. Jahrhundert trat

dann eine Almanachform hinzu, die sich durch einen hauptsächlich belletristischen Inhalt auszeichnete, der sogenannte Musenalmanach. Der erste europäische Musenalmanach, der von Claude Sixte Sautreau de Marsy 1765 in Paris herausgegebene "Almanach des Muses", war eine Anthologie der wichtigsten poetischen Texte des Vorjahres. Nach diesem Pariser Vorbild veröffentlichte Heinrich Christian Boie den ersten deutschen Musenalmanach, den bei Johann Christian Dieterich in Göttingen publizierten "Musenalmanach für das Jahr 1770" (1770-1804). Eine wichtige Neuerung gegenüber dem französischen "Almanach des Muses" bestand in der Tatsache, daß der Göttinger Musenalmanach eine Sammlung bisher noch nicht gedruckter Texte enthielt und seine Leser aufforderte, für die weiteren Ausgaben eigene Dichtungen einzusenden. Daß es dazu gekommen war, hing mit der rechtlich noch völlig ungesicherten Lage eines freien Schriftstellers im 18. Jahrhundert zusammen. Der Begriff des geistigen Eigentums im heutigen Sinne existierte noch nicht und Verleger und Autoren waren ihrerseits gegen Raubdrucke machtlos.[3]

Und so begann die Geschichte des deutschen Musenalmanachs auch gleich mit einem Malheur: Den Göttingern wurden nicht nur die Idee, sondern auch Druckbögen ihres neuen Musenalmanachs gestohlen, so daß einige Wochen vor Erscheinen des Göttinger Almanachs bereits der "Almanach der deutschen Musen auf das Jahr 1770" (1770-1781) des Erfurter Professors Christian Heinrich Schmid auf dem Markt war. Nur dieser Umstand führte dazu, daß Boie schließlich statt der geplanten Anthologie im Stile des Pariser Vorbilds bisher noch nicht gedruckte Texte veröffentlichte - eine durchaus richtige Entscheidung, denn der Erfolg des Göttinger Musenalmanachs gab ihm recht. Im folgenden wurde eine wahre Flut von Almanachen publiziert, unter denen sich besonders die "Frauenzimmeralmanache" als eine zählebige Gattung erwiesen.[4] Bis weit ins 19. Jahrhundert hinein blieben sie ein beliebtes Geschenk. Über die Ursache spekulierte Jean Paul: "Kein Volk liefert so viele Almanache als das deutsche; es ist, als ob diese Herbstflora gerade den Herbst, der sonst in den Jahrzeiten des noch wilden Deutschlands gar nicht vorkam, recht [...] überblümen sollte [...] Himmel! wenn man sich erinnert der alten vielpfündigen Folianten, in [...] Leder, Messingbeschläge und Klammern gefaßt, gleichsam mit Messingnägeln besetzte Großvaterstühle des gelehrten Sitzlebens, und wenn man dagegen ein Taschenbüchlein hält: so kann man wahrlich nicht klagen. Aus dem Schweinleder wurde Saffianleder, aus Messingspitzen Goldränder, aus Klammern und Schlössern ein Seidenfutteral. Aber wichtiger ist für Deutschland, daß diese Paradiesvögelchen die [...] Enzyklopädien, die schon fliegende Mikrokosmen der gelehrten Makrokosmen sind, wieder von neuem verkleinert enthalten und wie eine Oper fast alles geben. Sie machen hinten Musik auf kleinen Musikblättern und sogar Tanzfiguren zu jeder andern Musik - sie geben als Gemälde-Ausstellung auf dem Futterale Deckenstücke, vor dem Titelblatte ein Thürstück, innen an den Wänden überall Raphaelische Logen - und nach den schönen Künsten wird besonders in Buchstaben geliefert für die schönen Wissenschaften, hauptsächlich aber für eine Romanenbibliothek im Kleinen [...] Sogar Gedichte stehen in mehreren Taschenbüchern und sie mögen nicht unschicklich daran erinnern, daß die frühern in Deutschland mit ihnen unter dem Namen Musenalmanach angefangen [...]".[5] Es sei nur, so fährt er fort, "der kleinste Nachtheil der Almanache [...] daß sie nicht, wozu sonst sogar das mittelmäßigste Buch, ja das schlechteste taugt, zu Makulatur werden können, weil in so kleine Blättchen nichts zu wickeln ist, als höchstens eine Nußschale für Affen". Und weil sie ihren Namen "den weiblichen Taschen" verdanken, sollten sie "schicklicher Strickbeutelbücher [...] oder Arbeitsbeutel oder (will man lieber den modischen Namen) Ridikülbücher" heißen.[6]

2. Adressatenkreis

Ob die tiefe Verbeugung, die die Herausgeber der Almanache vor ihren Leserinnen machten, ein Grund für die Beliebtheit der kleinen Bücher war? Schon bei der Wahl des Titels wußte man dem "schönen Geschlecht" zu schmeicheln. "Die Dames in der engeren Bedeutung lassen sich nicht gern unter die Rubrik Frauenzimmer stecken und die übrigen mögen es wohl leiden, wenn sie [...] Damen gescholten werden." Mit diesem Argument hatte schon Wieland seinen Verleger Reich von der "aristokratischen" Lösung als der galantesten Leserinnenanrede überzeugt. Seine Überlegungen teilten viele Herausgeber von Frauentaschenbüchern. Der Titel gibt bereits Hinweise auf die Leserinnen. Ob "Frau", "Frauenzimmer" oder "Dame", angesprochen wird vor allem die "verehelichte Person, die sich dem Willen und Befehl ihres Gatten unterwirft und den Haushalt führt - gleich (einer) allwaltenden Göttin".[7] Nach 1800 erscheint dann oft der Zusatz "deutsch". Schon *Zedlers Universallexikon* wußte manches von ihm zu berichten: "Was das Teutsche Frauenzimmer betrifft, so findet man hier und da viel schöne Gesichter, sie aestimiren neue Moden [...] mögen auch gerne Schmeicheleyen vertragen, seynd begierig auf die Galanterie, lassen sich zur Haushaltung wohl anführen, und bei ihrer Liebe eine nicht geringe Eifersucht mercken, sie wissen sich meistlich zu verstellen, lassen aber ihre Wanckelmuth hier und da blikken, sie lieben die Music [...] und sind meistens gut gewachsen".[8] Doch nicht nur für das Frauenzimmer, sondern auch für "Deutsche Frauen", für "Mädchen", für "Mütter", für "Hausfrauen und Gattinnen" oder für "Deutschlands Töchter", für alle weiblichen Wesen, die des Lesens kundig waren, erschien ein jährliches Taschenbuch. Und wer noch Zweifel an der Seriosität haben sollte, den überzeugten die Widmungen an hocharistokratische Gönnerinnen, ohne die kein Damenkalender auskam.

Das Äußere tat ein übriges, damit der Kalender auch in der richtigen Verpackung an die entsprechende Frau, nein Dame! kam. Mochte sich die regierende Fürstin für eine Ausführung in Seide entscheiden, so erhielten die bürgerlichen Töchter wohl eher die Version im Pappschuber. Alle Taschenkalender konnten in verschiedenen Ausführungen gekauft werden - der Inhalt blieb immer der gleiche. Goethes Balladen, Eichendorffs Gedichte oder der Erstdruck einer Novelle von Stifter - gerade mit den Taschenkalendern für Frauen beginnt eine Demokratisierung der Belletristik. Daß hinter dieser Demokratisierung auch handfeste ökonomische Interessen steckten, beweisen etwa die mehrseitigen Anzeigen zu Neuerscheinungen von verlagseigenen Autoren.

3. Die Titelgebung der Almanache

Um sich aus der Flut von Taschenbüchern wirkungsvoll abheben zu können, ließen sich die Verleger immer neue Titel einfallen. Eifrig studierten sie Flora und Fauna, zogen die antike Götterwelt, Sagen und Mythen zu Rate oder erinnerten an allegorische Darstellungen weiblicher Eigenschaften. Ob Penelope, Iris, Cornelia, Minerva, Lilien oder Charitas, stets erläutern Illustrationen, Vorreden der Herausgeber und umfangreiche Kommentare zum Umschlagbild den Grund für die Namensgebung und verdecken die buchhändlerischen Überlegungen geschickt hinter programmatischen Erklärungen. Oftmals knüpften die Herausgeber an bereits bekannte Titel an. So wie der Deutsche Almanach *Iris* an die seinerzeit sehr populäre Frauenzimmerzeitschrift von Jacobi erinnern sollte, so finden sich unter den Titeln *Aurora* und *Aglaja* gleich mehrere verschiedene Almanache.

4. Ausstattung der Taschenbücher

Die Frauenalmanache spiegeln das Leben der adeligen und bürgerlichen Frauen an der Wende vom 18. zum 19. Jahrhundert wider. "Leichtlebigkeit der Schönen des verklingenden Rokoko und (der) liebenswürdige(n) Anmut jener des Klassizismus, andererseits (auch in dem) würdevolleren Ernst und (dem) höhere(n) Verantwortungsbewußtsein der Frauen der Romantik, die teilhaben wollen 'an der Männer Bildung, Kunst, Weisheit und Ehre'",[9] so charakterisiert Lanckoronska die Kulturepoche, in der die Almanache zum festen Bestand des Buchmarktes zählten.

So ist es nicht verwunderlich, daß sowohl Unterhaltendes als auch Nützliches und Nachdenkliches in den Almanachen anzutreffen ist.

Alle Taschenkalender enthalten zunächst ein Kalendarium, das in den Damenalmanachen häufig mit Gedichten und Kupfern ausgeschmückt wird. Goldschnitt, Ledereinband mit Verschluß, Spiegel anstelle von Titelkupfern, verzierte bemalte Schuber - die "Kalendermacher" ließen sich jedes Jahr etwas Neues einfallen: Ein Widmungsblatt für die Angebetete, eine Tabelle für die Einnahmen und Ausgaben, die der Frau Haushaltsführung erleichtern und den "Beutel ehrbarer Hausväter"[10] schonen sollte, die Fahrzeiten der Postkutschen, kolorierte Modekupfer. Eine Besonderheit der Almanache sind ihre Beigaben: Stick-, Strick- und Häkelmuster gehören in den ersten beiden Jahrzehnten zur notwendigen Ausstattung der kleinen "Bücher". Die Frau sollte so dazu angeregt werden, in ihrer Freizeit nützlichen Beschäftigungen nachzugehen, ohne dabei ihre Pflichten als Hausfrau und Mutter zu vernachlässigen. Doch ob die aufwendigen und luxuriösen Anleitungen tatsächlich zum Nacharbeiten gedacht waren?

Auch die Geselligkeit kam nicht zu kurz. Mit den beigefügten Klavier- und Gesangsnoten warben alle Almanachverleger. Finden sich in den Jahren unmittelbar nach dem Ende der Befreiungskriege noch recht kämpferische Lieder, so sind es später meist einfache Musikstücke, die auf dem Klavier eingeübt, im privaten Kreise vorgetragen werden konnten. Eine besondere Attraktion für die langen Winterabende waren ganz sicher die Rätsel, die sogenannten Agrionen, ohne die kein Almanach auskam.

[1] Vgl. hierzu: Duden. Deutsches Universalwörterbuch. Mannheim, Wien, Zürich 1983, S. 61.

[2] Vgl. hierzu: Wolfgang Pfeifer (Hrsg.): Etymologisches Wörterbuch des Deutschen. Berlin: Akademie 1989, S. 37.

[3] Vgl. zur Entwicklung des literarischen Marktes in Deutschland jetzt Reinhard Wittmann: Geschichte des deutschen Buchhandels. München 1991.

[4] Während die wichtigsten deutschsprachigen Musenalmanache - neben dem Göttinger wären hier vor allem noch der "Leipziger Musenalmanach" (1776-1783), fortgesetzt unter dem Titel "Musenalmanach oder poetische Blumenlese" (1784-1787)), der "Wienerische Musenalmanach" (1777-1796), der Hamburger "Musen Almanach" (1777-1800) und Schillers "Musen-Almanach" (1796-1800) zu nennen - ihr Erscheinen meist schon um 1800 wieder einstellten.

[5] Jean Paul: Kleine Bücherschau. Gesammelte Vorreden und Rezensionen nebst einer kleinen Nachschule zur ästhetishen Vorschule. In: Ders.: Sämtliche Werke. Herausgegeben von der Preußischen Akademie der Wissenschaften. Abt. I. Band 16. Weimar 1938, S. 456.

[6] Ebd.

[7] Jacob Grimm, Wilhelm Grimm: Deutsches Wörterbuch. Band 4, Sp. 71-74.

[8] Heinrich Zedler: Großes vollständiges Universal-Lexikon aller Wissenschaften und Künste. Bd. 9. Halle, Leipzig: Zedler 1735.

[9] Lanckoronska/ Rümann, S. 59.

[10] Ebd.

Kerstin Meyer, Martina Rolland, Lydia Schieth,
Michaela Wächter und Birgit Ziegler

Katalogteil

"Titel wie *Kalender? Ey, wie viel Kalender!, Almanach der für zwey gelten kann* oder [...] *Überflüßiges Taschenbuch für das Jahr 1800* machen deutlich, daß die Herausgeber und Verleger von Almanachen und Taschenbüchern nach immer originelleren Wegen suchten, um ihre Bändchen von der alljährlichen Masse vergleichbarer Publikationen unterscheidbar zu machen. Die ungeheure Vielfalt dieser Publikationsform wurde dem interessierten Leser jedoch nicht nur auf der Leipziger Messe, sondern auch in den renommierten Rezensionsorganen der Zeit vor Augen geführt." (Mix: Die deutschen Musenalmanache, S. 126).

Nr. 13 Journal für die Literatur, Kunst, Luxus und Mode. October 1818, Rezension zu Almanachneuerscheinungen

Die ausführliche Rezension stellt u.a. vor: *Cornelia, Vergißmeinnicht, Taschenbuch der Liebe und Freundschaft*. Dabei beschränkt sich der Verfasser keineswegs auf die Nennung der Beiträger und Illustratoren, vielmehr unterzieht er Einzelbeiträge der Kritik.

Aufgeschlagen: Kritik zu E.T.A.Hoffmanns Beitrag Doge und Dogaresse aus dem Taschenbuch der Liebe und Freundschaft. Die Erzählung "erklärt ein [...] Gemälde von Kolbe auf eine interessante und lebendige Weise, und hat der geniale Verfasser sich ferner als sonst vom Abentheuerlichen Gräßlichen gehalten, von diesen Blasen seiner überreichen Phantasie. Der tragische Ausgang hat nichts Grelles, vielmehr löst er sich wie ein sanft klingendes Adagio, in süßer Wehmuth." (S.632).

SBB Eph. mis. o. 46

Nr. 14 Zeitung für die elegante Welt 1810, Intelligenzblatt Nr.30, Dienstag 27.November 1810
Aufgeschlagen: Almanach-Anzeige "Almanachs und Taschenbücher".
SBB Eph.misc. q.77

Nr. 15 Urania 1820
Die Almanachproduktion war auf schnellen Absatz ausgerichtet. Ebenso rasch und konsequent wurden alte Ausgaben verbilligt zum Verkauf angeboten, teilweise in seitenlangen Verlagsanzeigen in Zeitschriften, teilweise in den Taschenbüchern selbst.
Aufgeschlagen: "Ramschanzeige" des Verlegers Friedrich Arnold Brockhaus.
Lit.: Reinhart Meyer: Novelle und Journal, S. 130-139.
privat

Nr. 16 Taschenbuch für das Jahr 1803. Der Liebe und Freundschaft gewidmet
Auch für verlagseigene Produkte wurde in den Almanachen geworben.
Aufgeschlagen: Verlagsanzeige: "Amanda und Eduard. Ein Roman in Briefen. Herausgegeben von Sophie Mereau. Zwei Bändchen." S. 216f.
privat

Nr 17 Huldigung den Frauen, Taschenbuch für das Jahr 1848
In 26 Jahrgängen umwarb der Hoftheaterdichter Ignaz Franz Castelli die Damenwelt. Jeder Almanachband enthielt u.a. Frauenporträts, die mit entsprechenden Huldigungsgedichten versehen wurden. So

kommentierten beispielsweise Sonette des Jahres 1832: 1. Die mütterliche Schöne. - 2. Die zierliche Schöne. - 3. Die liebliche Schöne.- 4. Die hohe Schöne. - 5. Die verweisende Schöne. - 6. Die eitle Schöne.

Aufgelegt: Der auffällig großformatige Band für 1848 mit Goldschnitt und Einbandverzierung ist der letzte Jahrgang.

Lit.: Lanckoronska/ Rümann, S. 95.

BOSS Huld 1823/26

Nr. 18 Der Freund des schönen Geschlechts. Taschenbuch für das Jahr 1827

Der zierliche Almanach enthält neben dem Kalendarium kolorierte Modekupfer. Ein reitender Bote bringt als Präsent einen Vierzeiler: "Damen-Blümchen". Dem Titelblatt gegenüberliegend verdeutlicht ein Spiegel, wer der beste Freund des schönen Geschlechts ist. Außerdem verzeichnet der Kalender - wie viele andere - die wichtigsten Geburtstage der kaiserlichen Familie. Neben den Frauenalmanachen zählten die Adelskalender, die sich ausschließlich mit der Genealogie des Adels beschäftigten, zu den beliebtesten Kalendern (vgl. Mix, S. 121ff.).

Abb.: Erste Seite der Übersicht "Geburtstage seiner Majestät des Kaisers und Höchstderoselben Familie".

Lit.: Lanckoronska/ Rümann, S. 64.

privat

Geburtstage
Seiner Majestät des Kaisers und Höchstderoselben Familie.

Kaiser Franz der Erste, geb. d. 12. Febr. 1768, wird 59 Jahr. Trat nach Ableben seines Hrn. Vaters, weil. Kais. Leopold des Zweyten, den 1. März 1792 die Regierung der österr. Erbländer an. Zum viertenMahle vermählt mit Caroline Auguste, Tochter weil. Maximilian Josephs, Königs von Baiern, oberste Schutzfrau des Sternkreuz-Ordens. Geboren den 8. Febr. 1792, vermählt durch Procuration zu München den 29. October 1816.

Kinder zweyter Ehe.

Erzherzog Ferdinand Carl, Kronprinz, geb. den 19. April 1793, wird 34 Jahr.

Erzherzoginn Marie Louise, geb. d. 12. Dec. 1791, wird 36 Jahr.

Erzherzog. Leopoldine Caroline Josephe, geb. den 22. Jänner 1797, wird 30 Jahr.

Erzherzog. Marie Clementine, geb. den 1. März 1798, wird 29 Jahr.

Nr. 19 Penelope 1839
Der Titelstahlstich zeigt Victoria, die "Königin von Großbrittanien".
Aufgeschlagen: "Victoria. Am 28. Juni 1838." Widmungsgedicht des Herausgebers Theodor Hell, S.V.
BPB Ze 4 P O2

Nr. 20 Frauentaschenbuch für das Jahr 1815
"Das Frauentaschenbuch war mit der Urania das beste und reichhaltigste Taschenbuch seiner Zeit" (Goedeke). Seine Entstehung hing eng mit der Welle der nationalen Begeisterung am Ende der Befreiungskriege in Deutschland zusammen. Kein anderer Frauenalmanach stellte seine Intention so klar heraus. Die zahlreichen Kupferstiche, die jeden Band einleiteten, wurden mit ausführlichen Kommentaren versehen und die Leserinnen dabei angesprochen: "Ihr, die Ihr dieses Büchlein mit zarten Händen und bescheidenem Sinne berührt, deutsche Frauen [...]" (aus dem Vorwort 1815).
Abb.: Titelkupfer der Ausgabe von 1815.
Lit.: Mix, S. 92; Lanckoronska/ Rümann, S. 75-78.
BOSS Frta 1815/1

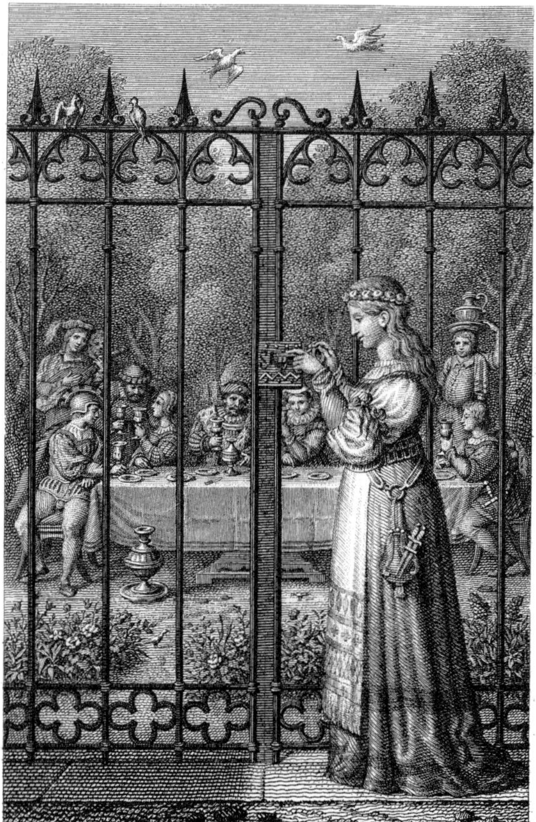

C. Kolbe del. Müller sc.

NR. 21 FRAUENTASCHENBUCH 1821
Die liebevolle Gestaltung der Pappschuber ist ein besonderes Kennzeichen der Frauenzimmeralmanache.
Lit.: Jörn Göres: Lesewuth, Raubdruck und Bücherluxus, S. 196-203.
SBB L.g.d. 18^a 1821

NR. 22 TASCHENBUCH DER GRAZIEN 1806
Der Herausgeber August Heinrich Julius Lafontaine, Verfasser von mehr als 75 Romanen und Erzählungen (u.a. *Klara du Plessis und Klairant*, 1795 sowie *Kleine Aufsätze für das weibliche Geschlecht*, 1798), galt in Deutschland als Vertreter der erotischen Literatur. Sein Taschenbuch, das diese Freizügigkeit in den Kupfern andeutet, brachte es aber nur auf fünf Jahrgänge.
Abb.: Kupfer zum Monat August: Amor bedrängt ein junges Mädchen.
BOSS Tagr 1805/2

NR. 23 TASCHENBUCH DER GRAZIEN 1820
Abb.: Kupfer zum Monat Dezember des letzten Jahrganges.
BOSS Tagr 1805/5

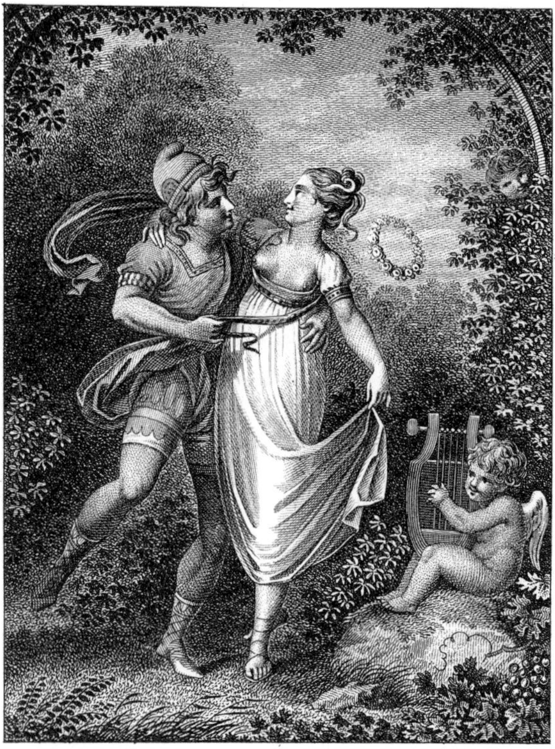

Ramberg delin.

*Kannst du, du blühendes Mädchen,
diese Blume verschmähen?*

November.

Hirsch, nun ist deine Zeit da. Zweige, wie der Wald, trägst du auf deinem Haupte; aber so schön du auch geschmückt bist, nun mußt du fort. Du hast lange genug die Waldburg bewohnt, hast lange genug durch die grünenden Hallen deine Schritte gemessen, nun wittern Jäger und Hund nach dir, und du mußt hinaus. Blicke nicht so sanft, blicke nicht so milde — wir wissen nicht, wenn du gnädig und gütig warst — schnaube vor Wuth, du mußt sterben. Hast du von Gras und Kräutern dich genährt, hast du in der Quelle dich gespiegelt — gleich viel, du sollst nicht länger ruhn, du sollst nicht länger in Frieden leben. Höre das schmetternde Horn, höre die klaffenden Hunde, höre der Jäger wildes Halloh! Wie der Sturmwind oft über den Wald fuhr, da du noch sicher lagst, so kömmt Sturmestoben jetzt über dich. Dein Fliehen ist uns Ergetzen; dein Fallen — Sieg. — Durch die Erdklüfte dringt das Feuer, durch die Meere wüthet der Orkan, und auf Erden ist nicht Sicherheit vor dem Treiben der Menschen.

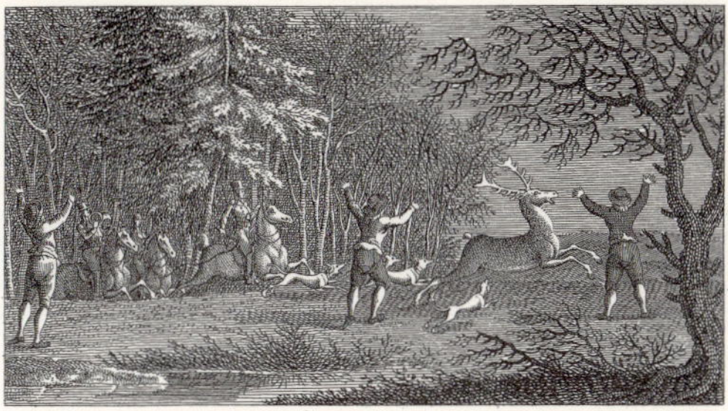

Nr. 24 Taschenbuch der Liebe und Freundschaft gewidmet 1811

Vierzig Jahre lang (1800-1840) erschien bei Friedrich Wilmans, zunächst in Bremen, seit 1803 in Frankfurt am Main, eines der schönsten deutschen Frauentaschenbücher.

Abb.: aus dem Kalendarium; Monat November (Text und Kupfer).

Lit.: Paul Raabe: Friedrich Wilmans, ein Verleger der Aufklärung und Romantik. In: Ders.: Bücherlust und Lesefreuden: Beiträge zur Geschichte des Buchwesens im 18. und frühen 19. Jahrhundert. Stuttgart 1984, S. 165-207.

Lanckoronska/ Rümann, S. 71-75.

privat

Nr. 25 Taschenbuch der Liebe und Freundschaft gewidmet 1822

Abb.: Umschlag (verkleinert auf 94,6%).

privat

Taschenbuch
Für das Jahr 1822.
Der Liebe und Freundschaft
gewidmet.

Nr. 26 Penelope. Taschenbuch für das Jahr 1823
"Almanache und jährlich publizierte Taschenbücher [...] wurden primär als Weihnachtsgeschenk, sekundär für die langen Winterabende angeboten und lebten von der Ratlosigkeit der Käufer." (Reinhart Meyer, S. 160).
Abb.: Vorsatzblatt für persönliche Widmung (verkleinert auf 94,6%).
BPB Ze 4 P 02

Nr. 27 Gedenke mein 1834
Abb.: Widmungsblatt (verkleinert auf 79,5%).
BPB Ze 4 G

An

von

WIDMUNG

An

von

Nr. 28 Minerva. Taschenbuch für das Jahr 1815
Aufgeschlagen: "Charade, Anagram, Räthsel" sind notwendige Bestandteile eines Almanachs, S. 452f.
privat

Nr. 29 Almanach dedie aux Dames Pour l'An 1814 a Paris
Umschlag und Schuber sind reich verziert.
BOSS 05 1500

Nr. 30 Almanach dedie aux Dames Pour l'An 1820 a Paris
BOSS 05 1501

Nr. 31 Vergißmeinnicht. Taschenbuch für 1820
Wollte man das Taschenbuch verschenken, kam es besonders auf einen beziehungsreichen Titel an. Auch in den Frauenkalendern finden sich Aufstellungen, die etwa die Blumensprache des Orients erklären. Das "Vergißmeinnicht", die Lieblingsblume der Biedermeierzeit, diente daher auch mehreren Taschenbüchern als Titel. Zu den meistgelesenen zählte die Reihe, die der Trivialautor H. Clauren (Carl Heun, 1771-1854) verfaßte. Konsequenter als andere Taschenbuch-Herausgeber beschränkte er sich auf Prosabeiträge. Lediglich die Kupfer wurden durch Gedichte kommentiert. Der Jahrgang 1822 enthält auf 521 Seiten nur ein Gedicht: Theodor Hells Sonett zur Blumensprache.
Aufgeschlagen: Sonett aus Vergißmeinnicht 1820.
Lit.: Reinhart Meyer, S. 42; Barbara Krafft: Vergißmeinnicht - das Sinnige im Biedermeier. In: Biedermeiers Glück und Ende ... die gestörte Idylle, München 1987, S. 137-161.
BPB Ze 4 V 02

Nr. 32 Rosen. Ein Taschenbuch für 1837
LBC Alm 307

Nr. 33 Rosen und Vergißmeinnicht dargebracht dem Jahre 1841
Seit 1838 erfolgt ein Zusammenschluß der beiden beliebten Taschenbücher.
Aufgeschlagen: Titelblatt.
Lit. Lankoronska/ Rümann, S. 94.
LBC Alm 308

Rosen und Vergissmeinnicht

Dargebracht dem Jahre 1841.

Leipzig bei Friedrich August Leo.

NR. 34 VIELLIEBCHEN. HISTORISCH-ROMANTISCHES TASCHENBUCH. FÜR 1828

Der Name "Vielliebchen" weist auf "eine Zwillingsfrucht, eine Mandel mit zwei Kernen. Beide Kerne können als Liebespaar angesehen werden. Diese Doppelmandel wird zu einem gesellschaftlichen Wettspiel zwischen Männern und Frauen benutzt: Die Frucht wird gegessen, und wer am nächsten Tag zuerst "Vielliebchen" sagt, hat gewonnen (vgl. Grimm: Deutsches Wörterbuch. Band 26, Sp.241).

Aufgeschlagen: Titelblatt.

Lit.: Lanckoronska/ Rümann, S. 98f.

BPB Ze4 V 03

NR. 35 AURORA. TASCHENBUCH FÜR 1823

Der Titel "Aurora" (lat.) bedeutet Morgenröte. Aurora ist die Tochter der Titanen Hyperion und Theia oder Euryphaessa und Pallas. Ihre Geschwister sind Helios und Selene (Schlaf und Tod). Sie erhebt sich jeden Morgen aus dem Lager ihres Gatten Tithonos und fährt mit ihrem Rossegespann aus dem Okeanos empor vor Helios her am Himmel hin. Aurora vollendet ihre Bahn erst abends und bedeutet somit nicht nur den Morgen, sondern auch den Mittag und überhaupt den Tag. Tithonos, den sie entführte und zum Gatten machte, gebar sie Memnon und Emathion. Sie hat keine kultische Bedeutung gewonnen.

Aufgeschlagen: Aurora. Gemalt von Guido Reni (1575-1642, italienischer Barockmaler).

BPB Ze 4 A 09

Nr. 36 AURORA. EIN TASCHENBUCH FÜR DEUTSCHE TÖCHTER UND FRAUEN EDLERN SINNES. 1826
Glatz, der im Vorwort Schillers "Ehret die Frauen" zitiert, weiß den Leserinnen "die in jungfräulicher Anmuth blühen", den Jahreswechsel mit der angenehmen und "unschuldigen Unterhaltung" zu verschönern: "Möchte das Büchlein...eine freundliche Aufnahme finden!"
Abb.: Titelblatt und Titelkupfer "Helene". Die Abbildung verweist die Leserinnen auf die gleichnamige Erzählung.
Lit.: Lanckoronska/ Rümann, S. 165.
LBC Alm 331

Nr. 37 AURORA. TASCHENBUCH FÜR DAS JAHR 1839
"Von den beiden Auroren, Mannheim und Wien, scheint die Wiener Publikation die wertvollere zu sein, wenn auch sie sich nicht vor dem allgemeinen Abstieg retten konnte." (Lanckoronska/ Rümann, S. 96).
Aufgeschlagen: Widmung an die Erzherzogin von Oesterreich.
BPB Ze 4 A10

HELENE.

Aurora.

Ein
Taschenbuch
für
deutsche Töchter und Frauen
edlern Sinnes.

Von
Jakob Glatz.

Erster Jahrgang
für
das Jahr 1826.

Leipzig, bey Gerhard Fleischer.

Nr. 38 Aglaia. Jahrbuch für Frauenzimmer auf 1801

Bescheiden tritt der Herausgeber Nikolaus Peter Stampeel als Bevollmächtigter Aglajas auf. Hochgesteckte Erwartungen werden eingeschränkt: "*Alle* Herzen, und gleich beim Eintritt *alle* Herzen erobern - will die Aglaja theils nicht, theils ist sie, um das zu wecken, viel zu anmaßungslos." (Vorwort, S. XVII., H.i.O.) Zwar verbeugt sich der Herausgeber artig vor seinen Leserinnen, schmückt seine Aglaja (eine typische Frau!) mit vielen Kupfern zum Drama *Die Schwestern von Lesbos*, doch die Autorin Amalie von Helwig wird nicht genannt. Die Namen im Inhaltsverzeichnis sind zwar bekannt, doch eine Frau sucht man unter den Beiträgern vergebens.
Lit.: Lanckoronska/ Rümann, S. 71.
Abb.: Titelblatt und Titelkupfer (zu Friedrich Rochlitz Louis).
LBC Alm 301

Nr. 39 Aglaja. Taschenbuch für das Jahr 1824

Aufgeschlagen: Titelkupfer; es zeigt einen Stich nach einem "Gemählde von Fra Bartolomeo a St. Marco": Madonna.
Lit.: Lanckoronska/ Rümann, S. 91f.
LBC Alm 302

AGLAIA.

Jahrbuch
für
Frauenzimmer
auf
1801.

Herausgegeben von

N. P. Stampeel.

Mit 7 Kupfern von W.Jury.

Frankfurt a.M.
bei August Hermann.

NR. 40 AGLAJA. TASCHENBUCH FÜR DAS JAHR 1824
Die Almanache erschienen in verschiedenen Ausführungen. "Schnorr schuf im Verein mit dem Stecher Passini figurenreiche allegorische Einbanddecken, die zum Würdigsten gehören, was solche Pappbände bieten." (Lanckoronska/ Oehler).
Lit.: Lanckoronska/ Rümann, S. 71.
Abb.: Umschlagrückseite: "Die neun Musen" (verkleinert auf 77,8%).
privat

NR. 41 MINERVA 1822
"Wie hätte der Zeichner den Eingang eines Taschenbuchs, das bislang die Gebildetsten der Frauen als Freundinnen zählte, und als Liebesgabe für die Erkorene so fleißig gesucht wurde, besser schmücken können, als wenn er [...] dem schwesterlichen Kleeblatte, der Aglaja, Euphrosyne und Thalia, als Wächterinnen ihren Platz gab?" (S. V).
Abb.: Titelkupfer "Die drei Grazien"(verkleinert auf 92,1%).
BPB Ze 4 M 02

H. Ramberg del.   A. W. Böhm sc.

Nr. 42 Minerva. Taschenbuch für das Jahr 1823
Rambergs Titelkupfer stellt die Schutzgöttin des bekannten Almanachs dar. Die sechs Seiten umfassende Erläuterung von Dr. Wilhelm Blumenhagen enthält in komprimierter Form das Programm des Taschenbuches. Minerva präsentiert sich "zwar in dräuender Kriegsrüstung, aber zugleich im friedlichsten Geschäft einer mütterlichen Lehrerin, und darum den zartsinnigen Leserinnen sehr lieb und befreundet" (S. III). In "der ärmellosen Tunika", darüber "das Peplum" (S. V) unterrichtet sie eine "liebliche, kindliche Schülerin in der Malerkunst [...]" (S. VI). Natürlich zeigt das entstehende Bild wiederum ein typisch weibliches Motiv: die drei Grazien. "Ein Liebesgott [...] dient der kleinen Künstlerin als Staffelei" (S. VII). "Ein kleiner Bacchant, an der epheuumrankten Stirn kenntlich, lauscht im Gebüsch" (S. VII). "Nicht zu übersehen sind noch die weißen Tauben der Liebesgöttin, die mit einem Blumengewinde [...] das Gemälde bekränzen" (S. VII).
Abb.: Titelkupfer (verkleinert auf 83,3%).
privat

71

Nr. 43 Penelope. Taschenbuch 1819
Die Penelope erscheint zwischen 1811 und 1848. Der Titel erinnert an die Gemahlin des Odysseus und Mutter des Telemachos. Ihr Name wird von Spinnerin, Weberin abgeleitet. Sie ist der Typ der liebenden und keuschen Frau (Grimm: Deutsches Wörterbuch) Das ihr gewidmete Taschenbuch trägt den Untertitel "Der Häuslichkeit und Eintracht gewidmet". Auf dem äußeren Umschlag erscheint das Motiv der Häuslichkeit, ebenso in den Kalendervignetten. Neben Haushaltstabellen wirbt der Herausgeber Theodor Hell mit Tafeln, die die "neuesten Desseins zur Modestickerei" enthalten. "Stille wirthliche Frau, du waltest so sittig und emsig,/ Rein sind das Haus und der Hof, zierlich Gemächer und Saal" (Penelope 1823, S. 354). Als Beiträgerinnen arbeiten u.a. Louise Brachmann, Helmina von Chézy, Agnes Franz, Johanna Schopenhauer.
Abb: Einnahmen- Ausgabentabelle (Übersicht).
Lit. Lanckoronska/ Rümann, S. 87f.
SBB 30/1138/8

Nr. 44 Penelope 1812
Abb: Umschlag (Vorder- und Rückseite; verkleinert auf 85,4%).
BPB Ze 4 P 02

Uebersicht
der
Einnahme und Ausgabe
im Jahr 1819.

Monate.	Einnahme.	Ausgabe.
Januar		
Februar		
März		
April		
May		
Juny		
July		
August		
September . . .		
October		
November . . .		
December . . .		
Summa		

Ueberschuß:
Deficit.

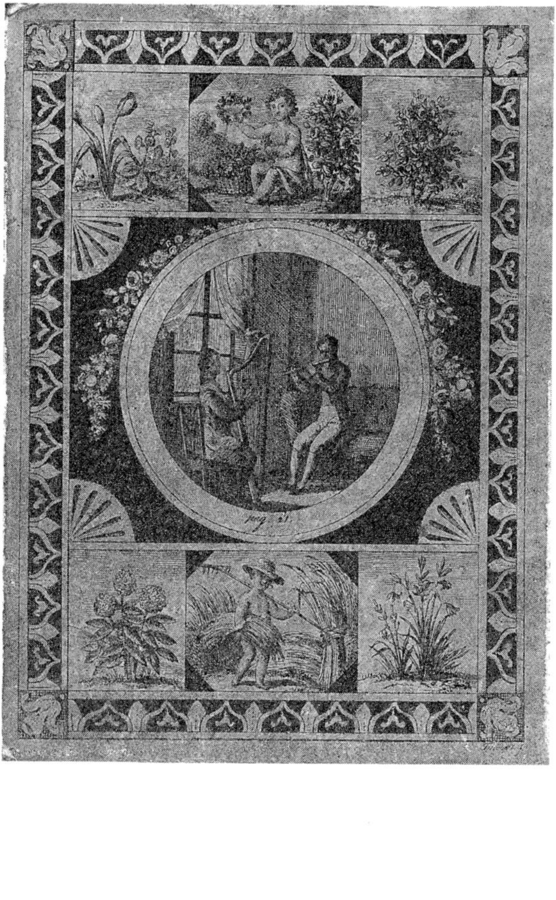

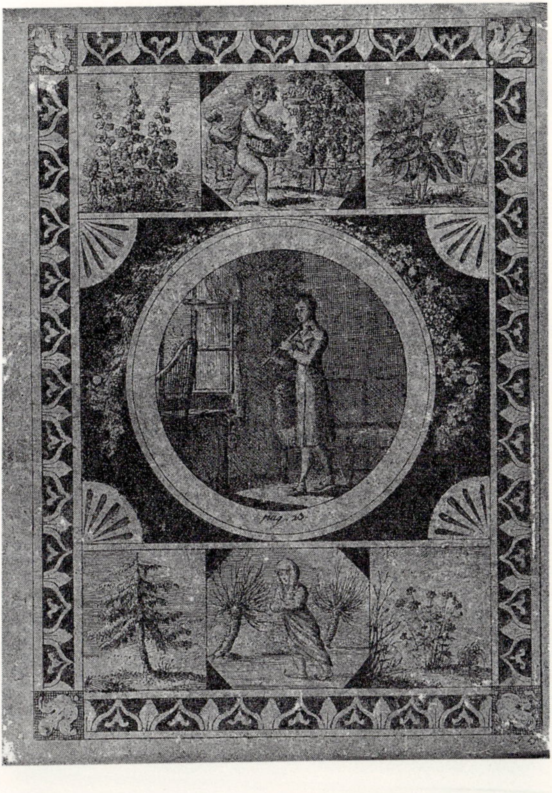
pag. 23

Nr. 45 Zweites Toiletten-Geschenk 1806. Ein Jahrbuch für Damen
Zweiter von vier Jahrgängen, eines der schönsten Jahrbücher für Damen. Insgesamt ein Hausbuch für das aufstrebende Bürgertum (Einrichtung, Musikleben, Hauswirtschaft, Rezepte).
Abb.: Stickmuster.
BOSS Toil 1806 2

Nr. 46 Intelligenzblatt der Zeitung für die elegante Welt. Nr. 48 (18.10.1806)
Aufgeschlagen: Anzeige.
SBB Eph.misc.q.

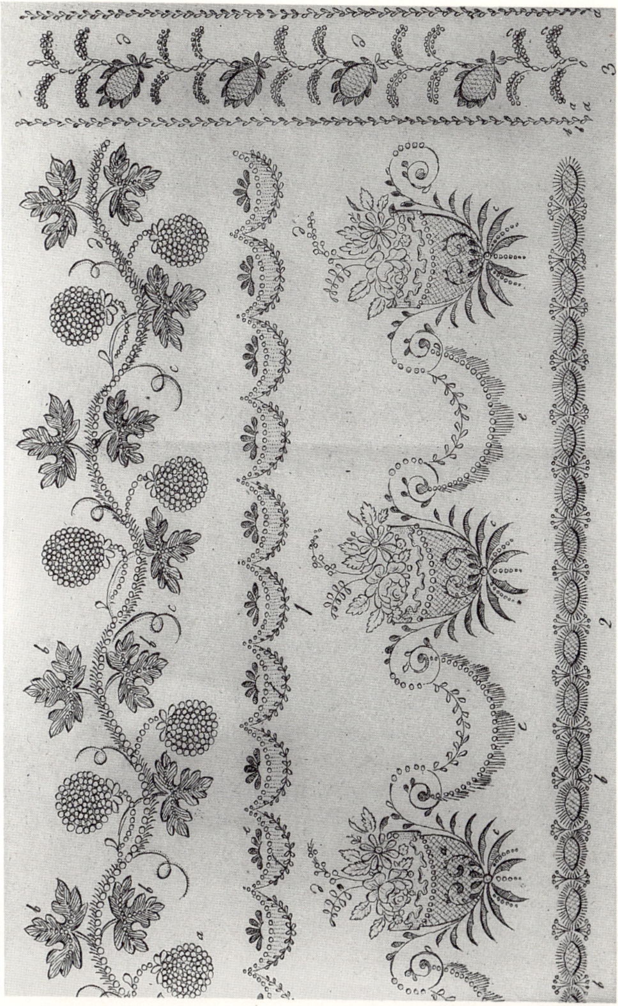
1
2
3

NR. 47 ALMANACH DER MODE UND DES GESCHMACKS FÜR DAMEN AUF DAS JAHR 1802
Der Modealmanach enthält zahlreiche kolorierte Kupfer, Informatives über Kunst- und Handwerksprodukte des "gehobenen" weiblichen Bedarfs: Straußfedern, Edelsteine, künstliche Blumen, das Mahagoniholz, Haarpuder, ferner "Grundsätze zur Entdeckung und Beurtheilung des Schönen" (S. VIII). Zu diesen Modeartikeln werden auch die Schauspiel- und die Tanzkunst gezählt, "die sie als Mädchen *liebenswürdig*, als Vorsteherinnen des Hauswesens *wohlthätig*, und als Gattinnen und Mütter *schätzbar* und *ehrwürdig* machen." (H.i.O.) Der Berliner Verleger Oehmigke, der Jüngere, verlegte auch einen Spiel-Almanach, einen Almanach der Musen und Grazien, außerdem erschien in seinem Verlag "Die Kunst mit Weibern glücklich zu seyn, nach Rousseau, Wieland, Göthe und Lafontaine".
Lit.: Köhring, S. 14.
Abb.: Kolorierter Pappband.
LBC Alm 78

NR. 48a-d ORPHEA. TASCHENBUCH
Die Titelgebung der *Orphea* erläutert der Herausgeber Ernst Fleischer im Vorwort der ersten Ausgabe (1824): "Die Benennung 'Orphea' entstand aus einer Ideenverbindung mit der von *Opern* (H.i.O.) entlehnten Kupfergallerie, welche dieses Taschenbuch aufnimmt, und das in dieser Beziehung den Namen des Vaters der Musik 'Orpheus' mit einigem Rechte geführt haben würde, wenn es nicht gebräuchlich wäre unsere Taschenbücher nach Damen zu nennen. Ob dies berechtigen durfte bei dieser Gelegenheit einen neuen Namen zu bilden, möge nicht streng genommen werden." (S. 1f., unpaginiert). Daß der Titel etwas

DON JUAN.
II Act.
Zerline. *Fühlst du wie's klopfet hier? Das helfe dir!*

Gezwungenes hatte, mußte Fleischer im nächsten Jahrgang einräumen - und er berief sich auf zwei prominente Kollegen, die schon vor ihm den Namen Orpheus "verweiblicht" hatten: Klopstock und Schubart! Mochten sich die Leser und Kritiker daran gestört haben, daß die abgedruckten Texte weiter keinen Bezug zum Thema "Oper" hatten, das Ganze also eine buchhändlerische Spekulation war, so ist gerade die "Operngallerie" ein Indiz für die Opernbegeisterung des frühen 19. Jahrhunderts. Illustriert wurden u.a.:
1825 - Don Juan (Aufgeschlagen: II. Act);
1826 - Zauberflöte (Aufgeschlagen: II. Act; Duett Papageno-Papagena);
1827 - Figaros Hochzeit (Aufgeschlagen: IV. Act; Susanne: "Das alles that die Liebe/ Durch meine Schwanenhand");
1830 - Der Barbier von Sevilla (Aufgeschlagen: Titelkupfer: "Meine innigst geliebte Gattin", II. Aufzug).
Abb.: Titelkupfer zu Don Juan, 1825 (verkleinert auf 88,6%).
Lit: Paul Raabe: Zeitschriften und Almanache, S. 185. Christoph Nieder: Von der 'Zauberflöte' zum 'Lohengrin'. Das deutsche Opernlibretto in der ersten Hälfte des 19. Jahrhunderts. Stuttgart 1989.
BPB Ze 4 O 03

Nr. 49 Cäcilia. Ein Taschenbuch für Freunde der Tonkunst 1833

Der Almanach enthält Aufsätze aller Art, u.a. einen anonymen Aufsatz über Clara Wieck, die große Pianistin und spätere Gattin Robert Schumanns, die damals als Wunderkind ihre Zeitgenossen bezauberte.

Abb.: Lithographierte Federzeichnung von Johann Peter Lyser zur Oper *Don Juan*.

Lit.: Joachim Kreutzer: Proteus Mozart: Die Opern Mozarts in der Auffassung des 19. Jahrhunderts. In: DVjS, 1, 1986, S. 1-23; Lanckoronska/ Rümann, S. 190.

BOSS Caec 1833/1

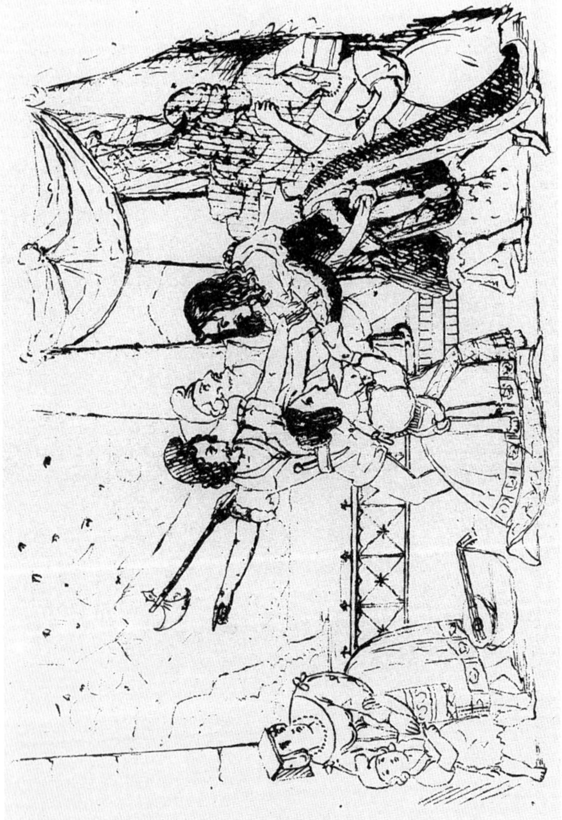

Nr. 50 Taschenbuch für das Jahr 1805/ Egeria

Auch die Egeria wirbt mit Notenbeilagen. Die Bevorzugung des Klaviers durch die Frau liegt "nicht nur in seiner leichteren Handhabung begründet, noch in der Möglichkeit, eine sittsame Haltung am Instrument einnehmen zu können. Vielmehr spricht dafür die Gebundenheit des Klaviers an die Häuslichkeit, in der die Frau mehr als der Mann aufgeht." (Walter Haacke: Am Klavier. Königstein 1958, S. 17).
Aufgeschlagen: Notenblatt "An die Gräfin Münster. Canon à 3. In Musik gesetzt vom verstorbenen Kapellmeister Naumann."
Lit.: Lanckoronska/ Rümann, S. 81.
LBC Alm 63

Nr. 51 Neuer Tanz und Ball-Kalender für das Jahr 1801

Den Inhalt dieses Almanachs bilden: Geschichte der Tanzkunst, Abhandlungen über Nationaltänze, Maskeraden, die Philosophie der Tanzkunst, Choreographie, Totentanz, Abhandlungen zum Tanz in anatomischer, pathologischer und pädagogischer "Rücksicht".
Lit.: Lanckoronska/ Rümann, S. 192f.
Aufgeschlagen: Goethes "Wechsellied zum Tanze"
BOSS Tanz 1801/1

Nr. 52 Tanzalmanach 1832

Der "Almanach der neuesten Modetänze", der Freunde und Freundinnen der höheren Tanzkunst" ansprechen sollte, enthält neben umfangreichen Musikbeilagen (u.a. "Allemande" und eine "Francaise a la Paganini") auch Tabellen für die Tanzfiguren sowie Beiträge zur Entstehung einzelner Tänze.
Abb.: Tabelle für den Eintrag der Tänze

Tänze	engagirt mit

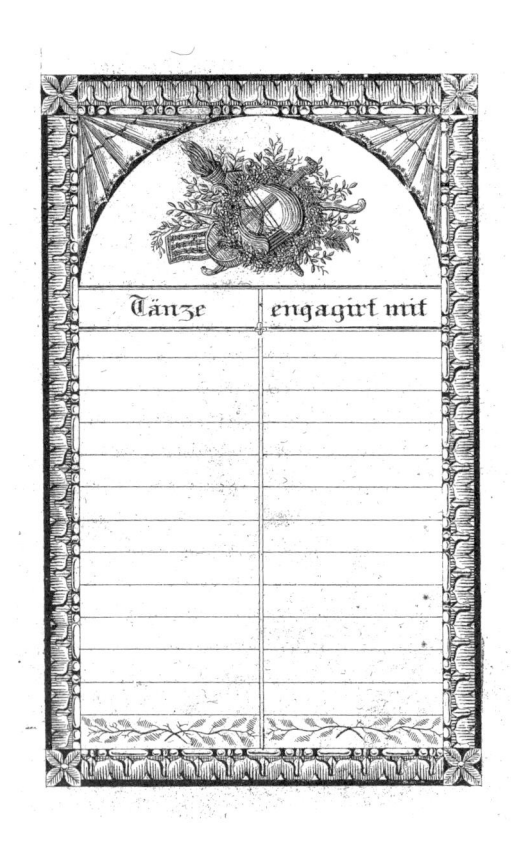

III. "Die Kalendermacher"
Verleger, Herausgeber, Beiträger

Damenkalender zählten schon in der zweiten Hälfte des 18. Jahrhunderts zu den Prestigeobjekten aller bedeutenden Verlage. Häufig wurden sie von prominenten "Haus"autoren betreut, wie dies etwa für Schillers *Historischen Calender für Damen* gilt, den der Leipziger Georg Joachim Göschen (1752-1828) verlegte. Der Braunschweiger Verleger Johann Friedrich Vieweg (1761-1835) hatte für sein Taschenbuch u.a. Jean Paul und Johann Heinrich Voß unter Vertrag. Einträgliche Geschäfte mit Kalendern aller Art machte der Berliner Drucker und Verleger Johann Friedrich Unger (1753-1804), unter dessen Ägide Sophie Mereau einen *Berlinischen Damen-Kalender* herausgab. Eines der erfolgreichsten Taschenbuchprojekte erschien bei Gerhard Friedrich Wilmans (1764-1830) in Frankfurt am Main: *Das Taschenbuch der Liebe und Freundschaft gewidmet*; für das zwischen 1800 und 1841 jährlich erscheinende Bändchen schrieben u.a. Goethe, Hölderlin, Schiller, Wieland, Jean Paul, Gustav Schwab. Auch der Leipziger Verleger Friedrich Arnold Brockhaus (1772-1823) unterhielt mit der *Urania* ein erfolgreiches Almanachprojekt, das Texte von Tieck, Eichendorff, Jean Paul und Gutzkow enthält. Nach Frauen sucht man auf dieser Ebene vergeblich - lediglich die Witwe Friederike Helene Unger führte einige Jahre die Geschäfte ihres Mannes weiter. Auch als Herausgeber traten, von einigen wenigen Ausnahmen, wie z.B. Amalie Schoppe und Helmina von Chézy abgesehen, überwiegend Männer auf.

Ganz anders stellt sich das Verhältnis Männer - Frauen bei den Beiträgern dar. Hier finden sich eine Vielzahl von Frauen, die aber oft nur mit Vornamen oder einem Pseudonym unterzeichneten.

Ursache dafür ist die gesellschaftliche Stellung der Frau im 19. Jahrhundert. Noch immer waren Männer und Frauen nicht gleichberechtigt; die Angelegenheiten der Frau, die juristisch gesehen beschränkt geschäftsfähig war, nahm der Vater bzw. Ehemann wahr (§§ 184, 195, 196, II.1. ALR). In dieser Rechtsstellung spiegelte sich die gesellschaftliche Vorstellung von der Rolle der Frau, die die Autorin Louise Dittmar noch 1849 folgendermaßen schildert:

"[...] sie muß das Ideal einer Gattin, Mutter, Hausfrau und Gesellschafterin sein, alles können und nichts wollen, alles leisten und nichts brauchen; tugendhaft, liebenswürdig, gebildet, bescheiden, einfach usw. sein, ein Genie in Leistungen und ein Automat im Willen [...] Ihre abhängige Lage und die ebenso beengte und bedrückte Stellung des Mannes erfordert in der Tat gebieterisch alle diese Eigenschaften."[1]

Voraussetzung für eine Unabhängigkeit der Frau wäre eine qualifizierte Ausbildung gewesen, die ihr Berufs- und Entfaltungsmöglichkeiten hätte gewähren können. Aber eine berufliche Tätigkeit für Frauen außer Haus galt als unweiblich und war im Rahmen der geltenden gesellschaftlichen Vorstellungen nicht vorgesehen. Ausnahmen bildeten Frauen der unteren Schicht, deren Arbeit zum Unterhalt der Familie erforderlich war.
Seit dem 18. Jahrhundert war die Zahl der Frauen, die selbst schrieben, kontinuierlich angewachsen. (von ca. zwanzig Autorinnen im 18. Jh. auf über fünfhundertfünfzig in der ersten Hälfte des 19. Jh.s).[2] Einige Gattungen (z.B. Roman, Erzählung, Lyrik und Brief) galten früh als weibliche Domäne.

Als Autorinnen waren Frauen am Anfang des 19. Jh.s vor allem in Periodika tätig. Die Frauenjournale und Taschenbücher, die sich bevorzugt an eine weibliche Leserschaft richteten, waren der Ort für erste publizistische "Versuche". Die Almanache, die größtenteils von Männern herausgegeben wurden, und in denen zumeist Beiträge männlicher Autoren erschienen, hatten das Ziel, Frauen für diejenige Rolle vorzubereiten, die von ihnen erwartet wurde. Dabei hatten sie sich im 18. Jahrhundert noch häufig hinter einem fingierten weiblichen Namen verborgen. "So konnten sie sicher sein, ihr Publikum zu erreichen, um ideologischen Einfluß zu nehmen."[3]

Das bedeutete, daß auch die Autorinnen - wenn überhaupt - nur im Rahmen der von den männlichen Herausgebern und Verlegern bestimmten Richtlinien schreiben konnten.

Um die aus der Rollenfixierung sich ergebenden Widerstände zu überwinden, war für die Schriftstellerinnen ein Ansprechpartner entscheidend, dem sie ihre Manuskripte zeigen konnten, der ihre Dichtung nicht als "unweiblich" abtat und der sie ermunterte, in dieser Tätigkeit fortzufahren. Diese Bezugsperson stand meist mit Rat und Tat zur Seite, nahm Korrekturen vor und vermittelte die Manuskripte dann an Verleger. Wie schwierig es aber für die Mehrzahl der Schriftstellerinnen war, ihre Manuskripte zu veröffentlichen, thematisiert Amalie Baisch noch 1889 in ihren Gedanken über *Die Schriftstellerin*.[4] Ihr zufolge sind viele angehende Schriftstellerinnen zu ungeübt und ungebildet, als daß ihre Manuskripte gedruckt würden. Trotzdem gebe es einen ständigen Ansturm auf Redaktionen; aber von tausend Fällen würden 999 abgelehnt.[5] In bezug auf die Möglichkeit zu veröffentlichen rät sie: "(sich) an das minder anspruchsvolle Feuilleton eines kleinen Provinzblättchens zu wenden, bei dem (man) weit eher Aussichten (hat), anzukommen".[6]

Um die geschilderten Widerstände zu entschärfen, gingen Autorinnen oftmals dazu über, unter einem Pseudonym oder unter dem Namen des Ehemannes zu veröffentlichen. So hoffte man auf eine unvoreingenommene Bewertung des Werks durch die Kritiker.

1. Caroline de la Motte Fouqué und das *Frauentaschenbuch*

Am Beispiel des *Frauentaschenbuchs* der Jahrgänge 1815-1821 soll der Frage nachgegangen werden, welches Gewicht den Beiträgen von Autorinnen im Rahmen der Almanachliteratur zukommt.

Die Wahl der Mitarbeiter des Frauentaschenbuchs stand Friedrich de la Motte Fouqué als Begründer zu. Der erste Jahrgang 1815 gab u.a. Fouqué, neben seiner Frau Caroline v. Rochow-de la Motte Fouqué, geb. v. Briest, Friedrich Kind, Ludwig Uhland usw. als Herausgeber an. Ab dem zweiten Jahrgang wird nur noch Fouqué als Herausgeber genannt. Die Beiträge des *Frauentaschenbuchs* stammten zu einem großen Teil von Fouqué selbst und von seiner Frau Caroline. Weitere Mitarbeiter, die regelmäßig Beiträge lieferten, gab es kaum.[7]

In den Jahrgängen 1815-1818 war der Anteil der ein oder zwei Schriftstellerinnen, die mit einem Beitrag pro Jahrgang vertreten waren, im Vergleich zu den vierzehn bis zwanzig Autoren, die z.T. mehrere Beiträge lieferten, gering.[8] Neben Caroline de la Motte Fouqué schrieben in den Jahrgängen von 1815-1818 Fanny (eigentlich Franziska) Tarnow und Philippine von Calenberg (Pseudonym Cyane). In den

Jahrgängen 1819-1821 stieg die Zahl der Autorinnen (auf drei bis fünf) und deren Beiträge (insgesamt auf zehn bis vierzehn) unwesentlich an. Die Autorinnen in diesen Jahrgängen waren Caroline de la Motte Fouqué, Henriette Schubart, Karoline Louise Brachmann, Agnes Gräfin zu Stolberg, geb. v. Witzleben, Rese und Konstanze Reinhold (Pseudonym für Anna Elise Sophie v. Löffelholz, geb. v. Königsthal). Insgesamt gesehen waren somit in den Jahrgängen 1815-1821 die Beiträge von Autorinnen in einer deutlichen Minderheit.

Die Beiträge in den Almanachen waren für unbekannte Autoren und Autorinnen eine Möglichkeit, bekannt zu werden.[9]

Die Vermutung, daß Frauen Beiträge nur dann veröffentlichen konnten, wenn nicht genügend männliche Mitarbeiter gewonnen werden konnten, erweist sich als falsch; denn Fouqué beispielsweise bat auch Autorinnen um Beiträge. So forderte er in den *Berliner Blättern* (1829-30) vor allem Frauen auf, Beiträge zu liefern.[10]

Ungeachtet der größeren Schwierigkeiten für Frauen, Literatur zu veröffentlichen, konnten die wenigen herausragenden Autorinnen, die den Durchbruch geschafft hatten, auch die Anerkennung ihrer männlichen Kollegen erringen. So äußerte sich z.B. Eichendorff lobend über Caroline de la Motte Fouqués Dichtungen und Urteilsvermögen.[11] Sie verfaßte eine Anzahl von Novellen und Romanen von unterschiedlichem Wert, die zum großen Teil in Zeitschriften erschienen sind, sowie eine Reihe theoretischer Schriften.

Caroline de la Motte Fouqué wurde am 7.10.1774 auf Gut Nennhausen bei Rathenow geboren. Ihre Eltern waren Caroline v. Zinnow und der Gutsbesitzer

Philipp Friedrich August Wilhelm v. Briest. Der Vater legte auf eine gute Bildung von Caroline viel Wert. "Er machte sein Haus zum Mittelpunkt hochgeistiger Geselligkeit, an der A.W. Schlegel, Bernhardi, W. v. Humboldt [...] teilnahmen".[12] Caroline "zeigte früh einen offenen und hohen Sinn, sie faßte im Gespräch mit Leichtigkeit die Gegenstände, welche der Unterricht ihr darbot".[13]

1789 heiratete Caroline den Leutnant und Ehrendomherrn Rochus von Rochow, von dem sie sich 1800 wieder trennte. Noch bevor die Ehe geschieden werden konnte, erschoß sich Rochow wegen Spielschulden.

Zu den Besuchern in Nennhausen gehörte auch der Schriftsteller Baron von Fouqué. 1803 ging Caroline mit ihm ihre zweite Ehe ein. Auch diese Ehe wurde nicht besonders glücklich, da die Partner zu verschieden waren. Der Schriftsteller Karl August Varnhagen von Ense, der ebenfalls wie die Fouqués in den literarischen Kreisen Berlins verkehrte, meinte dazu: "Für das wirkliche Leben erschien ihr Fouqué nur wie ein Kind, das entweder gar nicht oder doch ohne Bedeutung mitredet, an dessen Spielen man Teil nimmt, aber mit Lächeln, und ohne sie weiter gelten zu lassen, als es der Laune beliebt. In keiner Weise konnte der kränkliche, über schwache Brust klagende, nur im Schreiben rüstige Dichter genügen. Sie [...] nahm sich offen jede Freiheit und die volle Herrschaft".[14]

Caroline de la Motte Fouqué bestimmte selbstbewußt ihr eigenes Leben. Sie wurde zwar durch Fouqué zur schriftstellerischen Tätigkeit angeregt, und "(s)ie versuchte sich gleichfalls in Gebilden der Phantasie, nur wählte sie den bequemeren Ausdruck in Prosa, statt der Verse, in denen an Leichtigkeit Fouqué gleichzutun ohnehin niemand einfallen konnte".[15]

Seit 1810 erschien fast jedes Jahr ein neues Werk von ihr, bis etwa ab 1818 ihr Ruhm schnell zu sinken begann, da sie der traditionellen romantischen Schreibweise zu sehr verhaftet blieb. Beide, Fouqué und seine Frau Caroline, konnten dem sich nach den Befreiungskriegen immer mehr und in allen Lebensbereichen abzeichnenden Prozeß der Verbürgerlichung nichts abgewinnen; sie traten weiterhin für die "Welt der Form und der Bindung ein".[16] Caroline de la Motte Fouqué zog sich von den liberal gesinnten Kreisen zurück; sie nahm nun am Hofleben teil.

Caroline verfolgte mit ihrer Schriftstellerei das Ziel, zur "gehobenen Zerstreuung" beizutragen. Themenschwerpunkte ihrer Werke waren die weibliche Bildung, das Verhältnis der Frauen zur Welt, der Einfluß der Frauen auf die Gesellschaft und die Beziehung der Frauen zu den Männern. Diese Themenkreise kleidete sie in Zauberwelten und Märchenschicksale, die es den Lesern erleichterten, mit der Flucht in eine phantastische Welt Zerstreuung von den alltäglichen Übeln zu finden. Hinzu kommt in ihren Schriften eine christlich-nationale Grundhaltung.

Für Caroline de la Motte Fouqué war das Schreiben ein Bedürfnis, wie sie Rahel Varnhagen von Ense in einem Brief 1812 gesteht:

"Für die meisten Menschen passt das Schreiben nicht. Für mich wohl. Ich bin zerstreut, unklar, dumm im Reden, wenn mich nicht grade etwas leidenschaftlich anregt. Im Schreiben rege ich mich selbst an, ich fühle und sammle mein Inneres, ich sage besser, was ich sagen möchte".[17]

In den literarischen Kreisen Berlins hatte Baron Fouqué eine zentrale Stellung inne. Durch die Heirat mit

Fouqué öffneten sich für Caroline alle literarischen Kreise. Mit zahlreichen Zeitgenossen unterhielt sie eine ausgedehnte Korrespondenz. Mit Karl August Varnhagen von Ense, der sie schätzte, verband Caroline eine enge Beziehung; zeitweilig wandte sie sich an Varnhagen um Rat: "Sie erhalten hier einen kleinen Aufsatz von mir über Seckendorf. Gehen Sie ihn durch. [...] Die Überschrift müssen Sie aber machen. [...] Hitzig wird dann das Andere besorgen".[18] Und weiter: "Mein Name darf aber nicht genannt werden. Ich hasse es, Frauennamen unter öffentlichen Kritiken zu sehen".[19]

Varnhagen bekam auch des öfteren von ihr den Auftrag, sie an Verleger zu vermitteln: "Ich muß Ihnen über mein mythologisches Handbuch Auskunft geben, um sie dann bitten zu können, es Cotta oder irgendeinem zuverlässigen Buchhändler anzubieten".[20] Caroline betätigte sich neben dem Schreiben als Herausgeberin; sie war Mitherausgeberin des *Taschenbuchs der Sagen und Legenden* (1812/13), der Vierteljahresschrift *Für müßige Stunden* (ab Band fünf alleinige Herausgeberin) und gab zusammen mit Fouqué das Frauentaschenbuch (ab 1815) heraus.

Am Ende ihres Lebens gab sie um die Wende des Jahres 1829/30 in dem Cottaschen *Morgenblatt für gebildete Stände* anonym die "Geschichte der Moden 1785-1829" heraus. Mit einem feinem und sicheren Gespür für den Wandel der Zeit ließ Caroline noch einmal eine bedeutende Geschichts, Kultur- und Kunstperiode aus ihrer ganz persönlichen Sicht als Zeitzeugin Revue passieren. Aber "nicht etwa die idealischen Abstraktionen des Denkens oder der Kunst, sondern das scheinbar Abseitige, Nichtige, (die) so wechselhafte und zugleich so überaus verrätterische (Kleidermode), dienen ihr zum Spiegel des eigenen Lebens - einer ganzen Epoche".[21]

Caroline de la Motte Fouqué starb am 21.7.1831. Aus der Sicht Varnhagens war sie "in ihrem persönlichen Ehrgeize vielfältig zurückgesetzt, auch durch die noch wenig glänzenden Verhältnisse ihrer Kinder keineswegs befriedigt, als Frau veraltet, und als Schriftstellerin vergessen, in ihrem Aufwande beschränkt und wegen der Mittel dazu oft beunruhigt, mit schmerzlichen Krankheitsleiden kämpfend und von dem Leben wenig mehr hoffend".[22]

2. Die Herausgeber der *Cornelia*

Am Beispiel der *Cornelia, Taschenbuch für deutsche Frauen*, soll im folgenden Leben und Wirken zweier Herausgeber erläutert werden. Dieser Frauenalmanach wurde 1816 von Aloys Schreiber begründet und erschien unter seiner Redaktion bis zu seinem Tode 1841, wurde dann 1843/44 von Amalie Schoppe herausgegeben und ab 1849 von Walter Tesche bis 1848 fortgesetzt. Herausgeber der späteren Jahrgänge waren J. W. Appell (1849-56), Aloys Henninger (1857-62) und Frater Hilarius (pseud.) (1863-73).[23]

Behandelt werden hier nur die Jahrgänge von 1816 bis 1843 unter der Redaktion von Aloys Schreiber und Amalie Schoppe.

Aloys Schreiber, der Herausgeber und Begründer der *Cornelia*, wurde 1763 in Kappel bei Windeck in Baden geboren. Nach dem Studium an der Universität Freiburg wurde er kurzzeitig Lehrer am Gymnasium von Baden-Baden, dann Hauslehrer in der Familie des Grafen von Westphalen. Während des Rastatter Kongresses 1798 siedelte er wegen seiner Tätigkeit als Mitherausgeber des Kongreßbuches nach Rastatt über.

Nach erneuter Lehrtätigkeit am Lyceum in Baden-Baden (1800-1802) übernahm Schreiber die Professur für Ästhetik an der Universität Heidelberg, wo er auch Vorlesungen über Naturrecht und natürliches Staatsrecht hielt und im Hause von Johann Heinrich Voß verkehrte. 1813 wurde er zum Hofhistoriographen ernannt und zog nach Karlsruhe, wo er bis 1826 wirksam war. Seine Vorlesungen über Ästhetik, Geschichte und Kunstgeschichte wurden von der gebildeten Gesellschaft in Karlsruhe eifrig besucht und geschätzt.

Vor allem aber durch seine vielfältige literarische Tätigkeit, hauptsächlich im Bereich der Belletristik, war Schreiber einem breiten zeitgenössischen Publikum bekannt. Sein Urteil über literarische und ästhetische Strömungen der Zeit bestimmte den Geschmack seiner Leser. Sehr beliebt war sein *Handbuch für Reisende am Rhein*, das unter anderem auch eine wertvolle Sammlung rheinischer Volkssagen enthielt und lange Zeit als der Führer für Rheinreisen galt. Nicht nur durch eine Reihe historischer und topographischer Schriften über das Großherzogtum Baden, über Heidelberg, Baden und Griesbach im Schwarzwald, sondern vor allem durch die Herausgabe von vielgelesenen Taschenbüchern wurde Schreiber in der literarischen Öffentlichkeit zu einem Begriff.[24]

1809-1812 gab Schreiber das *Heidelberger Taschenbuch* heraus, das durch sein Wirken zum Schauplatz literarischer Auseinandersetzungen wurde: Während Schreiber den Anfängen der Romantik durchaus wohlwollend und fördernd gegenübergestanden hatte, wurde er im Laufe der Jahre immer mehr zum Gegner der jungromantischen Heidelberger Gruppe, deren Begeisterung er mit Spott und Parodien angriff. Bei der Sammlung von Beiträgen für sein Taschenbuch griff er auf die ältere Generation des Göttinger Dichterbundes zurück und veröffentlichte nicht selten Karikaturen und Parodien auf die Werke der Jungromantiker.[25]

Der Ästhetikprofessor Schreiber nahm damit durch die Redaktion eines Frauenalmanachs öffentlich Stellung zu den literarischen Tendenzen der Zeit.

Nach seiner Versetzung nach Karlsruhe führte er die Herausgabe des Taschenbuchs unter anderem Namen fort: 1816 erschien der erste Jahrgang der *Cornelia* als Fortsetzung des *Heidelberger Taschenbuchs*, wie aus der Vorrede zur *Cornelia* von 1816 hervorgeht.

In den ersten Jahrgängen der *Cornelia*, die als Fortsetzung der früheren Taschenbuchreihe nach der Unterbrechung durch die Befreiungskriege veröffentlicht wurde, stand das deutsche Nationalgefühl in den meisten Gedichten und Erzählungen in verschiedenen Zusammenhängen im Mittelpunkt. Im Gegensatz zum *Heidelberger Taschenbuch* traten damit in der *Cornelia* aktuelle Zeitbezüge in den Vordergrund, was der Herausgeber Aloys Schreiber im Vorwort zum ersten Jahrgang 1816 damit begründete, daß auch die Frauen in der Zeit des wiedererstarkenden Nationalbewußtseins durchaus Anteil an dieser Gesinnung haben sollten:

"Es war eine Zeit, und sie ist noch gar nicht weit hinter uns, wo es den Frauen ziemen mochte, ihr Haus als ihre Welt zu betrachten; jetzt aber ist eine andere Zeit angebrochen, in welcher die Würde der Frauen nur noch erkannt werden kann in der Würde der Männer, eine Zeit, da es der Mutter nicht schwer werden darf, den Säugling mit Schlachtliedern einzulullen."[26]

Damit stellte Schreiber die Kunst in den Dienst der deutschen Sache, zu der gerade auch die Frauen durch die Lektüre der Almanache hingeführt werden sollten. Schreibers eigene Erzählungen und Gedichte in der *Cornelia* kreisen ebenfalls um dieses Thema.[27]

Der Einfluß Schreibers als öffentlich bekannte literarische Persönlichkeit auf seine Leserinnen dürfte nicht unerheblich gewesen sein, denn sicher war er den Frauen in seiner Funktion als Ästhetikprofessor und Hofhistoriograph bekannt, auch wenn er in der *Cornelia* diesen Titel nicht ausdrücklich benutzte.

Bereits der erste Jahrgang der *Cornelia* fand großen Beifall: "Der erste Jahrgang der Cornelia hat eine günstige Aufnahme gefunden", schreibt der Herausgeber im Vorwort des folgenden Jahres. Die nächsten Jahrgänge sind dementsprechend nach dem gleichen Muster gestaltet. Ein beträchtlicher Anteil der Gedichte, aber auch viele Erzählungen stammen weiterhin aus Schreibers Feder, erst im Laufe der 30er und 40er Jahre nimmt die Zahl seiner Beiträge etwas ab. Auch gewinnt der Anteil der Erzählungen mehr und mehr an Umfang, während die Zahl der Gedichte beständig abnimmt.

Nach dem Tode Schreibers am 21. Oktober 1841 übernahm die Schriftstellerin Amalie Schoppe die Redaktion der *Cornelia*, um die sie der Verleger Joseph Engelmann ausdrücklich gebeten hatte. Die Ausgabe, die 1842 erschien, war noch im Laufe des Jahres 1841 von Schreiber gestaltet worden.

Zu diesem Zeitpunkt war Amalie Schoppe bereits als literarische Persönlichkeit durch die Veröffentlichung einer Vielzahl von Werken bekannt. An den vorhergehenden Ausgaben der *Cornelia* hatte sie fast immer einen erheblichen Anteil. Dennoch übernahm sie die Redaktion des Frauenalmanachs eher zögernd, denn ihre Stellung als weibliche Herausgeberin scheint nicht unumstritten gewesen zu sein. Das Vorwort, das

sie 1843 an ihre Leserinnen nach der Übernahme der Redaktion richtete, klingt sehr nach einer Rechtfertigung:
"Wenn nun gleich die Redaction der Cornelia leicht einem Geschickteren und Begabteren hätte anvertraut werden können, so gereicht es mir zur Beruhigung, daß ich mich nicht zu dem Geschäfte drängte, ja, nicht einmal, ungeachtet langjähriger freundschaftlicher Verhältnisse zu dem Herrn Verleger, darum bewarb, sondern von ihm darum ersucht wurde. Ferner, daß es mir in Hinsicht des Wunsches und redlichen Willens, die Ehre und das Ansehen dieses beliebten Instituts aufrecht erhalten zu wollen, kein Anderer würde zuvorthun können. Dies wird hoffentlich den vielleicht gegen mich gefaßten Unwillen derjenigen entwaffnen, die sich, und gewiß mit Recht, berufener zu dem Geschäfte fühlen, und aus diesem Grunde Ansprüche an dasselbe machen."[28]

Wie so viele der schreibenden Frauen hatte auch Amalie Schoppe ihre literarische Tätigkeit mit Almanachbeiträgen begonnen. In fast allen Jahrgängen der *Cornelia* seit 1816 war sie mit zahlreichen Gedichten, meist lehrhaften und amüsanten Kurzzeilern und Lehrsprüchen,[29] später auch mit Erzählungen vertreten.
Daß sich die heute kaum noch bekannte Schriftstellerin zu ihrer Zeit einer großen Beliebtheit erfreute, zeigt die ausführliche und durchgehend positiv gefärbte zeitgenössische Darstellung ihrer Biographie in Schindels *Lexikon der deutschen Schriftstellerinnen des 19. Jahrhunderts* (1823/25).
Amalie Emma Sophie wurde 1791 als Kind des Arztes Johann Friedrich Wilhelm Weise auf Fehmarn geboren, wo sie ihre ersten glücklichen Kindheitsjahre

verbrachte. In besonderem Maße lobt Schindel ihre für die Zeit sehr ungewöhnliche Erziehung: Amalie soll schon mit drei Jahren aus dem Gesangbuch Lieder auswendig gelernt und in frühem Alter Lesen gelernt haben, später dann eine "überaus sorgfältige und ausgezeichnete"[30] Ausbildung erhalten haben. Weiterhin spricht Schindel von Amalies herausragendem Lerneifer, von ihrem guten Gedächtnis und ihrem Wissensdurst, "so daß die Eltern auf den Gedanken kamen, sie dem Kreise der Weiblichkeit ganz zu entziehen und ihr mit Hülfe eines Onkels [...] eine gelehrte Bildung geben zu lassen."[31] So sollte sie Medizin und Geburtshilfe studieren, zeigte aber auch Interesse an Malerei und Geschichte. Gegen die sonst typisch weiblichen Beschäftigungen aber hegte sie trotz der Ermahnungen der Mutter eine gewisse Abneigung.

Nach ihrer Heirat mit dem Juristen Friedrich Schoppe bemühte sich Amalie, dem damaligen Frauenbild in Erfüllung der typisch weiblichen Tugenden wie Häuslichkeit, Ordnung, Redlichkeit und mütterlicher Fürsorge nachzukommen und "hielt die strenge Erfüllung dieser Pflichten der Weiblichkeit für ihre einzige Tugend".[32]

Dennoch verlief die Ehe eher unglücklich und endete 1829 mit dem frühen Tod Friedrich Schoppes, der beim Baden in der Elbe verunglückte. Jetzt verdiente Amalie Schoppe den Lebensunterhalt für sich und ihre drei Söhne durch schriftstellerische Tätigkeit. Neben der Produktion zahlreicher eigener Werke arbeitete sie mit an verschiedenen Zeitungen und Zeitschriften. Zeitweise leitete sie die Erziehungsanstalt für Mädchen in Hamburg zusammen mit der Schriftstellerin Fanny Tarnow (1779-1862).

1851 zog Amalie Schoppe zu ihrem Sohn Alphons nach Amerika und starb 1858 in New York, verarmt, aber vom zeitgenössischen Publikum anerkannt und verehrt. Einige ihrer Werke wurden sogar übersetzt.[33] Ihre ersten Gedichte veröffentlichte Amalie Schoppe im *Poetischen Almanach* des Freundes Justinus Kerner und im *Deutschen Dichterwald*, herausgegeben von Ludwig Uhland, unter dem Namen "Amalie". Nach dem Erfolg dieser ersten Publikationen sandte sie Gedichtbeiträge an verschiedene andere Zeitschriften. Später wandte sie sich auch der Prosa zu und veröffentlichte unter anderem in *Cottas Morgenblatt* (1820/21). Weiterhin erschienen Beiträge von Amalie Schoppe in den *Correspondenz-Nachrichten* aus Hamburg, in der *Zeitung für die elegante Welt* (1819/20/23), in der *Abend-Zeitung* (1818-22), im *Oppositions-Blatt* (1818), im *Taschenbuch der Liebe und Freundschaft* (1822), in *Phillippi's Merkur* (1823), im *Weimarer Mode-Journal* (1823), im *Wintergarten* (1821), in *Kind's Muße* (1821/22) und in der *Wiener Zeitschrift für Kunst, Literatur, Theater und Mode* (1823).[34]

Im Rahmen ihrer Erziehungstätigkeit gab sie zahlreiche Kinder- und Jugendschriften heraus, darunter auch *Iduna. Eine Zeitschrift für die Jugend beiderlei Geschlechts* (1831-1839). Diese Jugendzeitschrift enthielt Berichte über Expeditionen, Naturereignisse und Reisen, Beiträge zur Völkerkunde, zu Entdeckungen und Erfindungen, über historische Gestalten und Begebenheiten sowie Leseempfehlungen und praktische Hinweise für das tägliche Leben. Aber auch Gedichte und Erzählungen, unter anderem von Friedrich Hebbel, veröffentlichte Amalie Schoppe in der *Iduna*.

Auch die selbständig erschienenen Jugendbücher waren stets zum Zweck der Belehrung durch Vorführung unterhaltsamer und erhebender Beispiele konzipiert. Schoppes Beiträge in Zeitschriften waren ebenfalls oft lehrhafte Sinngedichte und Parabeln, die einerseits unterhaltsam und amüsant, andererseits aber auch belehrend wirken sollten. Weiterhin schrieb Amalie Schoppe Erzählungen, Briefsteller, Novellen, Romane, ein Gartenbuch, ein Kochbuch, ein Buch über den bürgerlichen Haushalt und etwa vierzig Romane. Als Herausgeberin war sie über zwanzig Jahre verantwortlich für die *Neuen Pariser Modeblätter*; 1832 erschien unter ihrer Redaktion die *Sagenbibliothek oder Volkssagen, Legenden und Märchen, der freien Reichsstädte Hamburg, Bremen und deren Umgebung*. Das *Album für Theater und Theaterkostüme* gab sie 1842 heraus und übernahm 1843 die Redaktion der *Cornelia*.

Amalie Schoppes Werk, das insgesamt über 200 Titel umfaßt, beschäftigte sich stets mit den biedermeierlichen Idealen wie Gehorsam, Gottesfurcht, Fleiß, Pünktlichkeit, Bescheidenheit, Sparsamkeit, Sauberkeit und Höflichkeit als Ziel der Erziehung. Nicht nur ihre Jugendschriften, sondern auch ihre Beiträge in der *Cornelia* tragen belehrende Züge.

"Die moralische Tendenz und das Fließbandsystem ihrer Produktion ließen Sch[oppe] oft an den Rand des Trivialen geraten. [...] Waren ihre Bücher auch nicht immer ausgereift, so blieb Sch[oppe] doch stets wahrhaftig und traf den Geschmack der breiten Masse der zeitgenössischen Leser."[35]

Zu ihrer Zeit galt sie als literarische Persönlichkeit, hielt Kontakte zu zahlreichen Schriftstellern der Zeit, protegierte Hebbel und Chamisso und wurde durch ihre Bekanntheit schließlich mit der Herausgabe eines

Frauenalmanachs beauftragt. Dies reichte allerdings nicht aus, um ihr Werk nach ihren Tod vor dem Vergessenwerden zu bewahren.[36]

---

[1] Louise Dittmar: Wider das verkochte und verbügelte Leben der Frauen (1849). In: Renate Möhrmann (Hg.): Frauenemanzipation im deutschen Vormärz. Texte und Dokumente. Stuttgart 1989, S. 55-58; hier S. 57.

[2] Vgl. Carl Wilhelm Otto August von Schindel: Die deutschen Schriftstellerinnen des 19. Jahrhunderts. 3 Theile. Leipzig 1823-25. Vorwort: Ueber die Schriftstellerei der Frauen und ihren Beruf dazu, S. V-XXVII, hier S. V/VI.

[3] Sabine Schumann: Das "lesende Frauenzimmer": Frauenzeitschriften im 18. Jahrhundert. In: Barbara Becker-Cantarino (Hg.): Die Frau von der Reformation zur Romantik. Bonn 1980, S. 138-169; hier S. 142f.

[4] Amalie Baisch: Die Schriftstellerin (1889). In: Günter Häntzschel (Hg.): Bildung und Kultur bürgerlicher Frauen 1850-1918. Tübingen 1986, S. 295-298.

[5] Vgl. ebd., S. 295.

[6] Ebd., S. 296.

[7] Bezogen auf alle von Fouqué herausgegebenen Taschenbücher, betrug der Anteil seiner Beiträge 30%; der Anteil seiner Frau Caroline lag bei 18%; vgl. Joachim Schwabe: Friedrich Baron de la Motte Fouqué als Herausgeber literarischer Zeitschriften der Romantik. Breslau 1937, S. 143f.

[8] So waren z.B. im Jahrgang 1815 von fünfzig abgelieferten Beiträgen zwei von Autorinnen: von Caroline de la Motte Fouqué und Fanny Tarnow. Im Jahrgang 1816 waren von sechzig Beiträgen zwei von Caroline de la Motte Fouqué verfaßt.

[9] Vgl. Brief Friedrich Kinds an Friedrich de la Motte Fouqué. In: Albertine Baronin de la Motte Fouqué (Hg.): Briefe an Friedrich Baron de la Motte Fouqué. Berlin 1848, neu verlegt Bern 1968, S. 216-218; hier S. 217.

[10] Vgl. Hubert Heinrich Houben: Zeitschriften der Romantik. Hildesheim 1969, S. 406.

[11] Vgl. ebd., S. 83.

[12] Vera Prill: Caroline de la Motte Fouqué. Berlin 1933, S. 11.

[13] Karl August Varnhagen von Ense: Biographien, Aufsätze, Skizzen, Fragmente. Hg. von Konrad Feilchenfeldt und Ursula Wiedenmann. Frankfurt a.M. 1990, S. 290.

[14] Ebd., S. 293.

[15] Ebd., S. 292.

[16] Vera Prill: Caroline de la Motte Fouqué. Berlin 1933, S. 13.
[17] Aus dem Nachlaß Varnhagen's von Ense: Biographische Portraits. Bern 1971, S. 131.
[18] Ebd., Brief an Varnhagen vom 10.2.1813, S. 142.
[19] Ebd., S. 142.
[20] Ebd., Brief an Varnhagen vom 26.5.1811, S. 127.
[21] Caroline de la Motte Fouqué: Geschichte der Moden 1785 - 1829. Nach dem Original von 1829 - 30. Mit einem Nachwort von Dorothea Böck (Hg.). Hanau 1988, S. 145 -173; hier S. 169.
[22] Ebd., S. 125.
[23] Vgl. Köhring, S. 39.
[24] Vgl. Allgemeine Deutsche Biographie, Bd. 32. Leipzig 1891, S. 471.
[25] Vgl. Lanckoronska/ Rümann, S. 83.
[26] Aloys Schreiber, Vorrede (Cornelia 1816).
[27] Vgl. Aloys Schreiber, Deutsches Bundeslied (Cornelia 1816, S. 83), Der Rhein (Cornelia 1816, S. 73).
[28] Amalie Schoppe, Vorrede (Cornelia 1843).
[29] Vgl. Amalie Schoppe, Die Dichterin (Cornelia 1816, S. 71), Das Merinokleid (Cornelia 1816, S. 68), Betrachtungen über einen Esel und eine Eselin (Cornelia 1819, S. 8) u.v.a.
[30] Schindel, Carl von: Die deutschen Schriftstellerinnen des 19. Jahrhunderts. Leipzig 1823/25, S. 273.
[31] Ebd., S. 274f.
[32] Ebd.
[33] Vgl. Schleucher, Karl: Amalie Schoppe. In: Doderer, Klaus (Hg.): Lexikon der Kinder- und Jugendliteratur, Bd. 3. Weinheim und Basel 1984, S. 305f. Vgl. hierzu auch Schindel, Carl von: Die deutschen Schriftstellerinnen des 19. Jahrhunderts. Leipzig 1823/25, S. 272-76; Brinker-Gabler, Gisela u.a.: Lexikon deutschsprachiger Schriftstellerinnen 1800-1945. München 1986, S. 277.
[34] Vgl. Schindel, Carl: Die deutschen Schriftstellerinnen des 19. Jahrhunderts. Leipzig 1823/25, S. 276-278.
[35] Schleucher, Karl: Amalie Schoppe. In: Doderer, Klaus (Hg.):Lexikon der Kinder- und Jugendliteratur, Bd.3. Weinheim und Basel 1984, S. 306.
[36] Ebd., S. 305f.

Susanne Brechter und Dagmar Gramkow

Katalogteil

NR. 53 TASCHENBUCH FÜR DAMEN AUF DAS JAHR 1828
"Dieses Taschenbuch bedarf der Anzeige nicht erst, um sein bestimmtes Publikum mit ihm bekannt zu machen. Von dem dießjährigen sind, so viel wir wißen, drei Auflagen nöthig geworden, und das dem nächsten Jahre gewidmete sieht bereits einer zweiten entgegen." (August Wilhelm Schlegel in seiner Rezension in der *Allgemeinen Jenaischen Literatur-Zeitung*)
Der in Tübingen erscheinende Damenkalender verdankt sein hohes Niveau und seine außerordentliche Popularität vor allem folgenden Umständen: 1. Der Verleger Cotta wußte seine Hausautoren für den Kalender zu verpflichten (was von diesen nicht immer mit Begeisterung aufgenommen wurde). 2. Er wußte mit hohen Honoraren und mit hohen Auflagen zu locken. 3. Die "hauseigenen Autoren" Goethe, Schiller, Huber, Pfeffel sicherten dem Kalender gute Rezensionen.
Abb.: Ponte di Rialto. Venice.
BPB Ze 4 TO3

NR. 54 ALMANACH DES DAMES 1822
Gleichzeitig belieferte Cotta auch den französischen Almanachmarkt.
Abb.: Titelblatt.
privat

PONTE DI RIALTO,
VENICE.

Almanach des Dames,

Pour l'An 1822.

A TUBINGUE, Chez J.-G. Cotta, Libraire,
A PARIS, Chez Treuttel & Würtz, Libraires,
Rue de Bourbon, N.º 17.

Nr. 55 Cornelia. Taschenbuch für Deutsche Frauen

"[...] das erfolgreichste Taschenbuchunternehmen des 19. Jahrhunderts [...] hatte bis 1873 Bestand. Nach wenigen respektablen Bändchen entwickelte sich die Reihe allerdings rasch zur seichten Unterhaltungslektüre für höhere Töchter." (Mix, S. 154)
Viele Überlegungen verwandte der Herausgeber auf die Gestaltung des Einbandes. So heißt es in *Cornelia* 1821: "Der sinn- und geschmackvolle Umschlag von Heideloff erfunden und gezeichnet, stellt die deutsche Dichtkunst und die deutsche Geschichte dar, wobey der Leser nicht vergessen darf, daß jedes Volk eine Zeit hat, in welcher es blos gesungen und keine geschriebene Lieder giebt, blos Sagen und keine urkundliche Historie." (Vorrede, S. III) Die im gleichfarbigen Schuber angebotenen Pappbände enthalten meist Abbildungen von Frauen in idealisierter "altdeutscher Tracht", die, wie auf einer Bühne, das Stück "Die deutsche Mutter", aufzuführen scheinen.
Abb.: Umschlag Vorderseite *Cornelia* 1820 (verkleinert auf 87,5%).
BPB Ze 4 C 02

Nr. 56 Amalie Schoppe (1791-1858), Herausgeberin der Cornelia 1843/44

Nr. 57 Kurzzeiler von Amalie Schoppe

Die Dichterin
S'ist eine herrliche Natur,
Ganz frey von irdischer Beschwerde!
Am Himmel hängt ihr Auge nur,
Und Mann und Kind gehn baarfuß auf der Erde.
    (*Cornelia* 1816, S. 71)

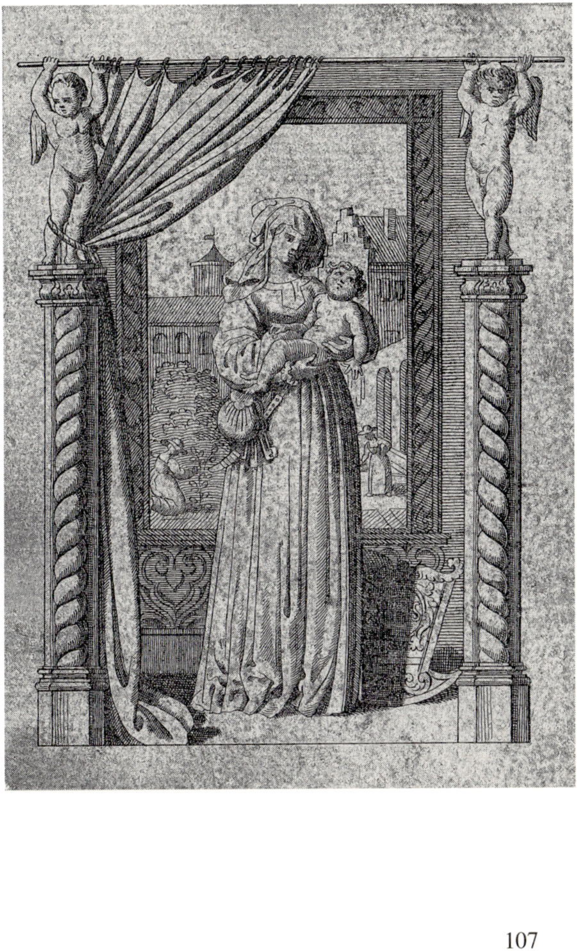

Nr. 58 Cornelia 1841
Aufgeschlagen: Kupfer zur Erzählung "Ernst und Scherz" von Amalie Schoppe
BPB Ze 4 C 02

Nr. 59 Frauentaschenbuch 1815
Das Frauentaschenbuch erschien 1815-1831 im Verlag Johann Leonhard Schrag in Nürnberg. Die Redaktion des Frauentaschenbuchs hatte Friedrich de la Motte Fouqué von 1815-1821 inne. Von 1822-1825 wurde der Almanach von Friedrich Rückert herausgegeben; 1826-1831 von Georg Döring.
Abb.: Titelblatt des ersten Jahrgangs (verkleinert).
Lit: Lanckoronska/ Rümann, S. 75-78.
BOSS Frta 1815/1

Nr. 60 Frauentaschenbuch 1817
Aufgeschlagen: Caroline de la Motte-Fouque: "Der Delphin", S. 363-397.
Der Erzähler begegnet in einem Wirtshaus einem Kapellmeister, der deutliche Züge E.T.A. Hoffmanns trägt. Doch nicht nur die Charakterisierung der Figur ähnelt Hoffmann, vielmehr gilt dies auch für die Komposition der Erzählung, die mehrere Erzählebenen ineinanderschiebt. Motive wie nächtliche Begegnungen, das Lebendigwerden von Bildern, die fließenden Übergänge zwischen Wirklichkeit und Traum erinnern an Hoffmanns Prosa.
Lit.: Rudolf Herd: Der Kapellmeister Gottmund im "Delphin" der Karoline de la Motte Fouqué, eine Verkörperung E.T.A. Hoffmanns. In: MHG, 10, 1963, S. 27-32.
privat

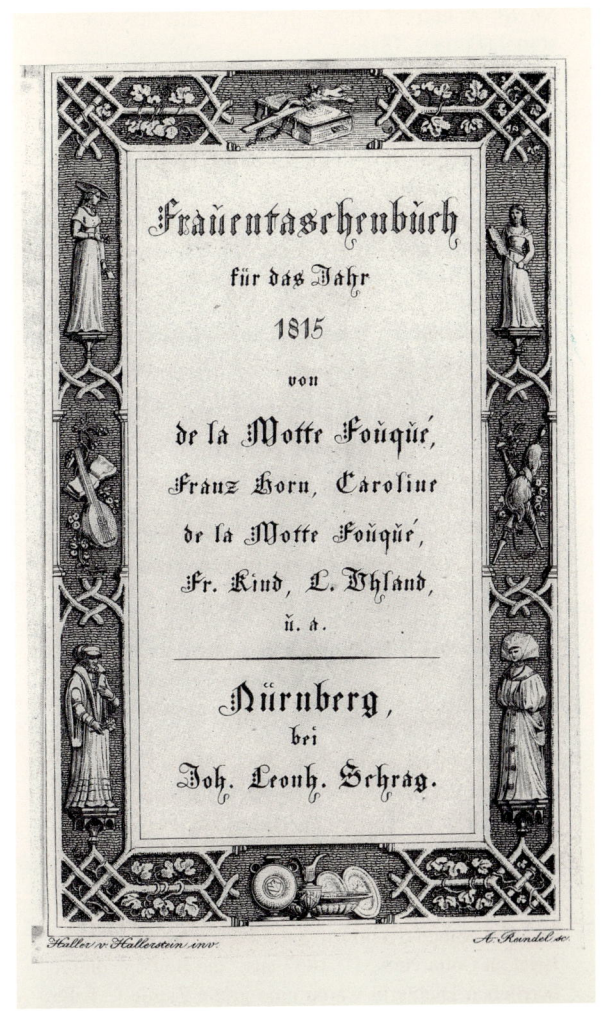

Frauentaschenbuch

für das Jahr

1815

von

de la Motte Fouqué,

Franz Horn, Caroline

de la Motte Fouqué,

Fr. Kind, L. Uhland,

u. a.

Nürnberg,
bei
Joh. Leonh. Schrag.

Haller v. Hallerstein inv. *A. Reindel sc.*

NR. 61 AURIKELN. EINE BLUMENGABE VON DEUTSCHEN HÄNDEN. 1818

Die Herausgeberin Wilhelmine Christiane von Chézy (26.1.1783-28.2.1856) ist die Enkelin der berühmten Dichterin Anna Louise Karsch (1722-1791) und die Tochter der Schriftstellerin Karoline von Klenke, geb. Karsch (1754-1802). Nach ihrer Scheidung 1801 ging sie nach Paris und berichtete von dort aus "für die von Feßler und Rambach herausgegebene Eunomia" über die Empfindungen und Erfahrungen einer jungen Deutschen in Paris (1801 erschienen). Cotta trug ihr die Redaktion der *Französischen Miscellen* an (1803-1807). In den *Aurikeln* schrieb sie über die literarischen Versuche dieser Zeit: "Während der trüben Zeit meiner unglücklichen Ehe fuhr ich in meinen schriftlichen Versuchen von Zeit zu Zeit fort. Mein Unglück hatte in mir manches Gute wieder geweckt. Hier sind einige Versuche aus jener Zeit mit einigen freundlichen Worten von Jean Paul Richter, [...] der voll Nachsicht für meine Fehler mich nur zu freundlich zum Schreiben anregte". (zit. Pissin, S. 289). 1805 veröffentlichte sie ihr Werk *Kunst und Leben in Paris*. Nach ihrer Rückkehr nach Berlin, 1808, geriet sie wegen ihres sozialpolitischen Engagements mit den preußischen Behörden in Konflikt.

Helmina von Chézy lieferte eine Vielzahl von Beiträgen für Zeitungen und Almanache. Daneben trat sie auch als Herausgeberin auf. Außerdem übersetzte sie, z.B. mit Dorothea Veit-Schlegel, geb. Mendelssohn, den Merlin. Weiterhin schrieb sie das Libretto zu Webers Oper "Euryanthe" (Wien 1824).

Die Beliebtheit Helmina von Chézys drückt Kerners Brief an Cotta vom 31.5.1837 aus: "die Beiträge dieser herrlichen Dichterin waren eine große Zierde [...]. Es

ist ganz ausgemacht, daß diese Frau v. Chézy die erste lyrische Dichterin Deutschlands ist. Es kann entschieden keine, die sie an Tiefe, Phantasie und wahrer Lyrik übertrifft, genannt werden [...]. So ist auch ihre Prosa wahrhaft melodisch, und lesen sie nur einmal ihren herrlichen Roman Emma". (zit. nach Herbert Schiller (Hg.): Briefe an Cotta. Vom Vormärz bis Bismarck. 1833-1863. Stuttgart/ Berlin 1934, S. 475f.). Anschließend bittet er Cotta, "die Gelegenheit nicht entschlüpfen (zu lassen), ihre Schätze für die Öffentlichkeit zu gewinnen" (ebd., S. 476).
Aufgeschlagen: Titelblatt der *Aurikeln*, o.J. (1818). Staatsbibliothek Berlin Zsn 43 639 (1818)

NR. 62 BERLINISCHER DAMENKALENDER AUF DAS JAHR 1800
Drei Jahre lang hatte Sophie Mereau die Leitung des Kalenders inne. Ihr Name erscheint aber lediglich auf dem Innentitel. Schon 1795 war Sophie Mereau mit ihrem Anliegen, eine Zeitschrift herausgeben zu wollen, an Schiller herangetreten. Dieser hatte ihr zunächst abgeraten: "Sie haben gar keine Ursache zu zweifeln, Arbeiten, [...] auch in demjenigen Sinne zu nutzen, wie jeder Schriftsteller jetzt die seinigen nutzt. Zu allen diesen Arbeiten stehen Ihnen mehrere Journale offen. Wieland wird Beyträge [...] mit Vergnügen [...] aufnehmen [...] was Sie mir für die Horen anbieten werde ich, sobald es sich irgend mit einem Zwecke derselben verträgt, eben so bereitwillig aufnehmen." (Schiller an Mereau, 23.12.1795). Zwei Jahre später versuchte Schiller Sophie Mereau an Cotta zu vermitteln: "Mad. Mereau [...] hätte große Lust, Ihren Damen Calender ganz zu übernehmen und die Herausgeberin zu seyn [...]. Auch hat es immer ein Interesse mehr für viele Leser, eine Dame

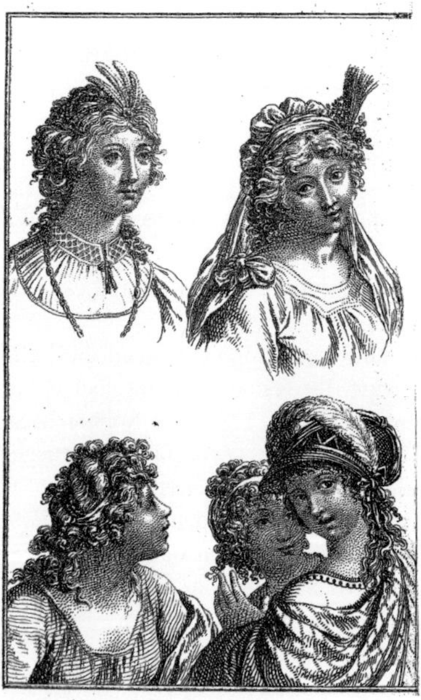

BERLINISCHER
DAMEN
KALENDER
auf das Jahr
1800.
mit 14 Kupfern
BERLIN
bei Joh. Fr. Unger

an der Spitze eines Werks zu sehen." (Schiller an Cotta, 14.11.1797).
Daß sich unter den Beiträgern des Damen-Kalenders aber mehrere Schriftstellerinnen finden (u.a. Karoline Woltmann), geht wohl eher auf das Konto des Verlegers Johann Friedrich Unger, dessen Frau Friederike Helene Unger ebenfalls schriftellerisch tätig war.
Abb.: Titelblatt des Außentitels mit Titelkupfer.
Lit.: Eva Walter: "... schrieb oft, von Mägde Arbeit müde." Lebenszusammenhänge deutscher Schriftstellerinnen um 1800. Düsseldorf 1985.
LBC Alm 479

NR. 63 BERLINISCHER DAMEN-KALENDER AUF DAS JAHR 1803
Aufgeschlagen: Doppelseite "Frauengesellschaft" (Kupfer ohne Erklärung).
Lit.: Flodoard Freiherr von Biedermann: Johann Friedrich Unger im Verkehr mit Goethe und Schiller. Briefe und Nachrichten. Berlin 1927.
privat

NR. 64 BERLINISCHER DAMEN-KALENDER AUF DAS GEMEIN-JAHR 1806
Die Gattin des Verlegers Friederike Helene Unger hatte bereits mehrere Romane und Erzählungen im Verlag ihres Mannes veröffentlicht. Der Erziehungsroman *Julchen Grünthal*, der sich kritisch mit der modischen Pensionatserziehung auseinandersetzte, war ein mehrfach aufgelegter und kopierter Bestseller. Frau Unger gehörte zu den wenigen Autorinnen, die es wagten, Zeiterscheinungen in Satiren aufs Korn zu nehmen. Der Eheroman *Albert und Albertine* (1804) schildert u.a. den literarischen Betrieb in den Berliner Salons, karikiert die Vertreter der Ro-

Nur der einzige Waßermann blieb ruhig sitzen u.s.w.

Und die Albertine meine Gute, wirst du den armen Onkel nun verlaßen wollen?

mantik (Friedrich Schlegel, Friedrich Schleiermacher) und attackiert die Auswüchse des Berliner Idealismus.
Abb.: Zwei Kupfer zu Friederike Helene Ungers Roman *Albert und Albertine*. Dazu die Erklärung der Kupfer: "Der über alles dissertirende und raisonnirende Wassermann hatte eben bei einem Dine viel ... gesprochen." (S. 177) Albertinens Onkel, Bankier Dämrig, verliert sein Vermögen. Seine "Freunde", zu denen auch einige "schwärmende" Schöngeister (Wassermann) zählen, verlassen ihn. Einzig Albertine bleibt, bis ihr Gemahl "als ein schwer Verwundeter" aus französischer Gefangenschaft heimkehrt (S. 178f.).
Lit.: Susanne Zantop: Aus der Not eine Tugend... Tugendgebot und Öffentlichkeit bei Friederike Helene Unger. In: Helga Gallas/ Magdalene Heuser (Hgg.): Untersuchungen zum Roman von Frauen um 1800. Tübingen 1990, S. 132-147.
privat

NR. 65 URANIA 1826
Johanna Schopenhauer (1766-1838), die Mutter des Philosophen Arthur Schopenhauer, zählte zu den prominenten Schriftstellerinnen der Goethezeit. Ihr Roman *Gabriele* (1819) wurde von Goethe rezensiert.
Abb.: Kupfer zu "Anton Solario der Klempner. Eine Malergeschichte von Johanna Schopenhauer", S. 209-249.
Lit.: Brinker-Gabler (u.a.): Lexikon deutschsprachiger Schriftstellerinnen 1800-1945. München 1986.
BPB Ze 4 U 01

NR. 66 RHEINISCHES TASCHENBUCH AUF DAS JAHR 1835
"In krassester Form vermarktete Johanna Schopenhauer ihre Journalprosa."(Reinhart Meyer: Novelle und Journal, S. 45.). Vierundzwanzig Bände umfaßt ihr Gesamtwerk, das neben Erzählungen und Reiseberichten auch kunsthistorische Schriften und Autobiographisches enthält. Regelmäßig schrieb sie u.a. in der *Urania*, die ihr Verleger Friedrich Arnold Brockhaus herausgab. In der *Minerva* 1833 erschien ein Teil ihrer heute noch lesenswerten Reise-Erinnerungen an Paris. Auch das *Rheinische Taschenbuch* veröffentlichte Beiträge von ihr.
Aufgeschlagen: Verlagsanzeige von J.D. Sauerländer.
Lit.: Johanna Schopenhauer: Im Wechsel der Zeiten, im Gedränge der Welt. Jugenderinnerungen, Tagebücher, Briefe. Herausgegeben und mit einer Einleitung versehen von Rolf Weber. München 1986.
BPB Ze 4 R 01

NR. 67 TASCHENBUCH ZUM GESELLIGEN VERGNÜGEN. 1820
Adele Schopenhauer (1797-1849), Tochter der Schriftstellerin Johanna Schopenhauer und Schwester des Philosophen Arthur Schopenhauer, schrieb Romane, Gedichte, Märchen und Tagebücher. 1838 gab sie nach dem Tod der Mutter deren Nachlaß heraus. Schon die Zeitgenossen kannten sie vor allem durch ihre meisterhaften Scherenschnitte. Allerdings publizierte sie anonym: "das Räthsel-Alphabeth, den holden Leserinnen hoffentlich eine willkommene Zugabe, ist im Original von einem geist- und kunstreichen Fräulein aus freier Hand mit der Schere ausgeschnitten" (S. IX).

Abb.: Scherenschnittalphabet, Buchstaben A, B, C, D, E, F, Z, S.413ff.
Lit.: Lanckoronska/ Rümann, S. 101-104.
BOSS Tabe 1791/30

119

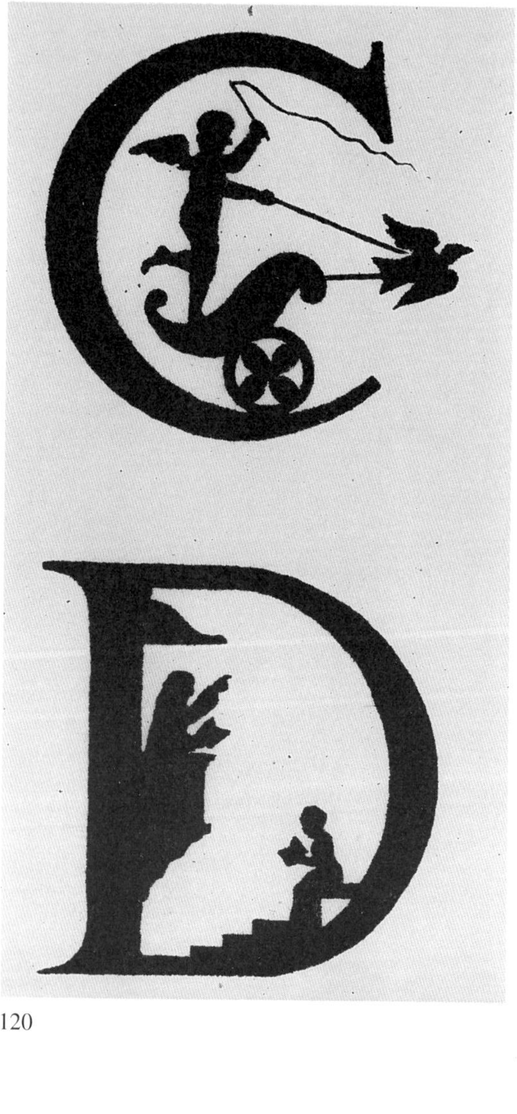

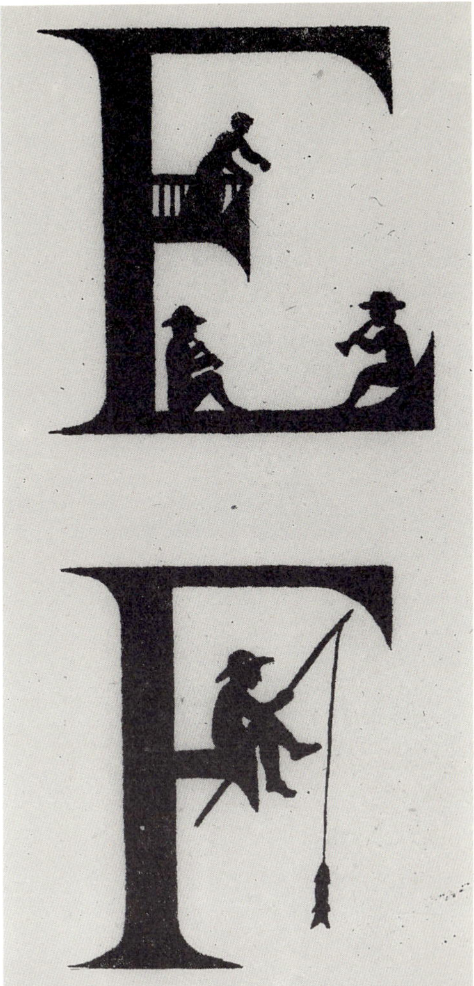

122

Goethe und Schiller im Frauenalmanach

Goethe und Schiller hatten schon vor 1800 reichlich Erfahrung mit dem Medium "Almanach" gesammelt.[1] Doch neben zahlreichen Projekten, die die beiden Weimarer selbst initiiert oder betreut hatten, bestanden auch für sie gewisse "Zwänge" als Beiträger. So mußten beide Rücksicht auf die Interessen ihres Verlegers Johann Friedrich Cotta nehmen, zu dessen Journalpalette auch mehrere Damenkalender zählten. Goethe kam zwar als berühmter Dichter zu Cotta, doch nicht alle seine Bücher brachten einen verlegerischen Gewinn. Auch deshalb wurde Goethe von Cotta immer wieder gebeten, vielversprechende Beiträge in den Almanachen zu drucken.[2]

Mit Schiller, der häufig Beiträger an seinen Verleger vermittelte, hatte es Cotta leichter. "Ich übersende Ihnen hier einige Gedichte für den Damenkalender, wenn ich Zeit finde, folgt vielleicht noch etwas nach. Auch schicke ich eine Erzählung [...] Sie ist nicht ohne Interesse und hat eine rein moralische Tendenz".[3] Daß Schillers Bereitwilligkeit einen Teil ihrer Ursache in der anonymen Mitarbeit seiner Frau hatte, ist noch immer wenig bekannt.[4] Eher schon, daß Schiller in Geschäftsfragen häufig zwischen Cotta und Goethe vermittelte. So schreibt er in einem Brief an Cotta: "Goethe will aufs nächste Jahr einen Almanach von Liedern, welche zu bekannten volksmäßigen Melodien von ihm gemacht sind, herausgeben [...] Der innere Wert dieses Liederalmanachs, der Name Goethens und der Umstand, daß jedermann die Lieder sogleich singen kann [...], läßt einen großen Absatz dieses Almanachs sicher erwarten. Es wäre also keine Frage, daß Sie ihm die 1000 Reichstaler, die er dafür haben will, geben könnten, obgleich viele Exemplare verkauft sein müßten, ehe die Kosten herauskämen."[5]

Trotz der Tatsache, daß Schiller und Goethe bei Cotta ihre Werke verlegen ließen, beschwerten sich beide über Cottas Produktion, die sie als "jämmerliche Damenschriftstellerei und Buchhändler Armseligkeit" bedauerten.

Stellte die Tätigkeit der beiden Dichterfürsten für die verschiedenen Frauenalmanache einen von diesen zwar nicht sonderlich geschätzten, für die Herausgeber aber bedeutungsvollen Beitrag dar, so gilt dies erst recht für die Rezeption der Klassiker in den Frauentaschenbüchern.

Keine andereren deutschen Dichter sind so ausführlich und idealisierend präsentiert worden wie Goethe und Schiller. Die Herausgeber der Taschenkalender überboten sich in Bemühungen, die Wirkung der Weimarer Klassiker zu heroisieren. Vom Abdruck einzelner Gedichte, Balladen und bisweilen sogar Dramenauszügen über Porträts, häufig als Titelkupfer, bis zu ausführlichen Verlagsanzeigen blieben Schiller und Goethe im Damenkalender immer präsent. Die langlebigeren Frauenalmanache überboten sich in "Kupfergallerien" zu einzelnen Werken Schillers und Goethes, deren Kommentierung nicht selten durch das Zitieren zeitgenössischer Kunst-und Geschichtswerke zusätzliche Seriosität bekommen sollte.[6]

Erste Versuche von Werkanalysen, wie sie z.B. Johannes Falk in der *Urania* 1813 vornahm, stammten häufig von Pädagogen und Schriftstellern aus dem unmittelbaren Umkreis in Weimar.[7]

Doch der Einfluß den man auf diese Weise auf den belletristischen Kanon des weiblichen Lesepublikums ausübte, reichte noch weiter. Die beiden Weimarer Dichterfürsten sind die moralische Autorität im Almanach. Viele Herausgeber von Frauentaschenbüchern berufen sich in vorangestellten Zitaten, in gelehrt wirkenden Fußnoten und in der Präsentation von Beiträgen auf Goethe und Schiller. Als Motto über Prosabeiträge gestellt, als Bildunterschrift für Frauenporträts ausgewählt sorgten die Herausgeber dafür, daß prägnante Zeilen aus der "Glocke", aus dem "Faust" oder "Tasso" den Leserinnen sich einprägten.

---

[1] Vgl. hierzu Mix, S. 164-170 (zum Xenien-Almanach).
[2] Vgl. hierzu Goethe und Cotta. Briefwechsel 1797-1832. 3 Bände. Hrsg. von Dorothea Kuhn. Stuttgart 1979; sowie Reinhard Wittmann: Geschichte des deutschen Buchhandels. München 1991, S. 166f.
[3] Schiller an Cotta, Weimar, 16. März 1802.
[4] Eva Walter "Schrieb oft, von Mägde Arbeit müde". Lebenszusammenhänge deutscher Schriftstellerinnen um 1800. Düsseldorf 1985.
[5] Schiller an Cotta, 18. Mai 1802.
[6] Neben den hier gezeigten Beispielen wäre etwa auch der Berlinischer Damen-Kalender (Titelkupfer zu "Schillers Tod", 1806) oder Penelope ("Gallerie zu Schillers Gedichten" 1826 und 1827) zu nennen.
[7] Urania 1813; Johannes Falk: Ueber die verschiedene Art, wie Schiller und Goethe das Schicksal behandelt, S. XV-XXIII.

Catrin Obermann und Lydia Schieth

Katalogteil

NR. 68 TASCHENBUCH FÜR DAMEN AUF DAS JAHR 1801
Zu einer Kupferstichfolge von Johann Heinrich Ramberg verfaßte Goethe einen längeren Beitrag mit dem Titel "Die guten Frauen als Gegenbilder der bösen Weiber", um Rambergs Karikaturen zu "neutralisieren". (Bernhard Seuffert: Goethes Erzählung "Die guten Weiber". In: Goethe Jahrbuch, Band 15, 1894, S. 148-177.) Sinclair zeigt den im "Lusthaus" versammelten Freunden den neuesten Damenkalender mit den darin enthaltenen Kupfern. Das Gespräch über die zwölf Karikaturen zu "typischen" Charakterschwächen von "Frauenzimmern", das eine der Frauen später protokolliert, veranlaßt die Teilnehmer der geselligen Runde auch, über die Rolle der Frau in der Gesellschaft nachzudenken: "Der Ausspruch 'Er soll dein Herr sein' ist die Formel einer barbarischen Zeit, die lange vorüber ist."
Abb.: Die beiden gezeigten Kupfer illustrieren Fehler, die den Frauen nachgesagt werden: Klatschsucht und Streitsucht (verkleinert).
BOSS Tada 1798/4

Caffé du beau Monde.

Egmont. IV.^r Aufz. 1.^e Scene.
Vansen. O Spatzenkopf!

NR. 69 MINERVA 1822
Unter dem Titel "Gallerie zu Goethe's Werken" illustrierte Johann Heinrich Ramberg jährlich mehrere Texte des Dichters. (Arthur Goldschmidt: Goethe im Almanach. Leipzig 1932.)
1824 "Götz von Berlichingen"; 1825 Szenen aus "Egmont"; 1827 "Iphigenie auf Tauris"; 1828 "Faust I"; 1829 "Faust II"; 1833 "Torquato Tasso".
Abb.: Kupfer zu Egmont IV/1 (verkleinert auf 89,7%).
BPB Ze 4 M 02

NR. 70 URANIA. 1813
Die Ausgabe enthält Kupfer zu "Göthes Wahlverwandtschaften". Der Verleger Friedrich Arnold Brockhaus, so sein Biograph, wollte damit vor allem erste Kontakte zu Goethe knüpfen (Heinrich Eduard Brockhaus: Friedrich Arnold Brockhaus. Sein Leben und Wirken nach Briefen und anderen Aufzeichnungen geschildert. Leipzig, 3 Theile 1872-1881). Die Kupfer, u.a. von Dähling gestochen, werden durch einen ausführlichen Essay ergänzt. "[...] die alte Idee des Schicksals [...] tritt, von Ottiliens madonnenhaften Glanze umkleidet, in gemilderten und weniger erschreckenden Zügen, gleichsam als Prädestination auf. Daß Ottilie die Bestimmung in sich trägt, durch Liebe unterzugehen, ist wohl gewiß". (Aus: Ueber die verschiedene Art, wie Göthe und Schiller das Schicksal behandelt, S. XX).
Abb.: Nr. VI kommentiert das Titelkupfer von Heinrich Schmidt: "Ottilie mit dem Säugling im schwankenden Kahne weit ab vom Ufer getrieben. Sie hält das Kind Rettung flehend zu den Sternen empor; ihr Busen ist offen; ihre Thränen überschwemmen das erstarrte Antlitz des Kindes, dem sie an ihrem eige-

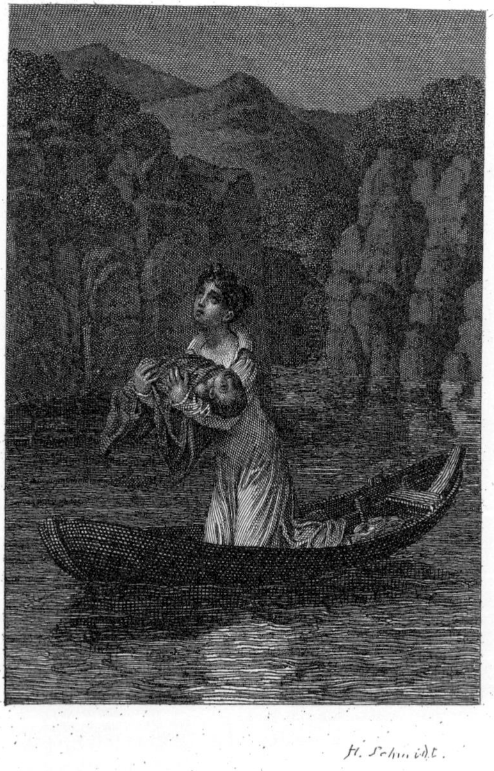

nen schönen Körper neue Lebenswärme einzuhauchen vergeblich bemüht ist." (S. XIII).
BPB Ze 4 U 01

Nr. 71 Minerva 1812

Auch Schillers Werke wurden regelmäßig in der *Minerva* illustriert. Wieder stammen die Kupfer von Johann Heinrich Ramberg: u.a. 1809 eine "Gallerie zu Schillers Gedichten"; 1810 Szenen aus dem "Don Carlos"; 1811 Szenen aus "Wallensteins Lager", "Piccolomini" und "Wallensteins Tode" ; 1812 Szenen aus der "Jungfrau von Orleans".

Abb.: Das Titelkupfer zeigt Jeanne d'Arc in voller Rüstung, die geweihte Fahne bedeckt Schwert, Panzer und Schild. "Keines (der Dramen Schillers) ist vom ersten Augenblick seiner Erscheinung an allgemeiner, stürmischer beklatscht und bewundert worden, aber auch spöttischer gemißdeutet, bitterer getadelt, seltsamer beurtheilt nach selbstgeschnitzten, verkrüppelten Maßstäben, ungerechter bekrittelt und bekunstrichtert worden als diese Johanna" (S. III) (verkleinert).
BOSS Mine 1809/4

Nr. 72 Minerva 1817

Die ausführliche Beschreibung des allegorischen Titelbildes gibt den Leserinnen eine Fülle an Interpretationshilfen für Schillers Drama "Die Verschwörung des Fiesko". Acht weitere Kupfer mit ausführlichen Inhaltsangaben erklären den frühen dramatischen Versuch "dieses früh in Riesenfantomen sich gefallenden Genius" (S. XXIII).

Abb.: Titelkupfer "Genua unter seinen Kindern" (verkleinert auf 87,5.%) von Johann Heinrich Ramberg.
BBP Ze 4 M 02

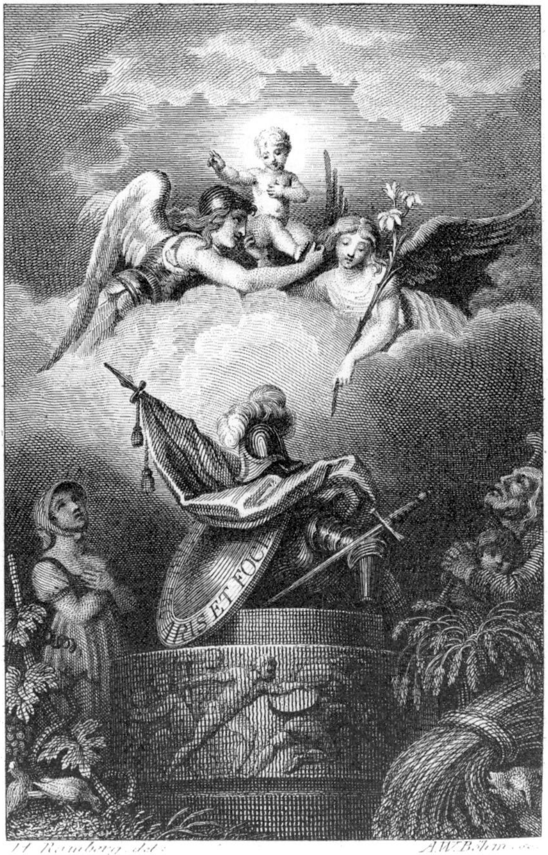

H. Ramberg del: A.W. Böhm sc.

H. Ramberg del.   A.W. Böhm sc.

NR. 73 MINERVA 1820

Schillers frühen Tod nehmen die Illustratoren und Beiträger der Almanache immer wieder zum Anlaß, dem Dichter zu huldigen: "Es galt, unserm Schiller, hier zum Schluß von einer Reihe bildlicher Darstellungen [...] noch ein kleines Ehrendenkmal zu setzen" (S. VII). Die mit gelehrten Anmerkungen und Textbeispielen gespickte Erklärung des Titelkupfers übernimmt der Weimarer Gymnasialdirektor Karl August Böttiger. Während die zwei Genien der lyrischen und dramatischen Dichtkunst zusammen mit Klio, der Geschichtsmuse, der Apotheose "unsers Schillers" beiwohnen dürfen, reichen die Zuschauer nicht in jene Sphären der "himmlischen Weihe" (S. XVIII). "Durch Palmen also zur Palme, welche dem Vollendeten am Ziele winkt" (S. XXIII) geführt, wird Schiller, der "Herzerhebende" (S. X) von Shakespeare seinem "geistigen Ahn" (S. VIII) in den Räumen des Lichts empfangen. Dort erwartet ihn bereits der Genius des Ruhmes mit dem Lorbeerkranz.
Abb.: "Schiller's Empfang in den Räumen des Lichts" (verkleinert auf 90,1%).
BPB Ze 4 M 02

NR. 74 MINERVA 1820
Aufgeschlagen: Erklärung des Titelkupfers, 1. Seite.
privat

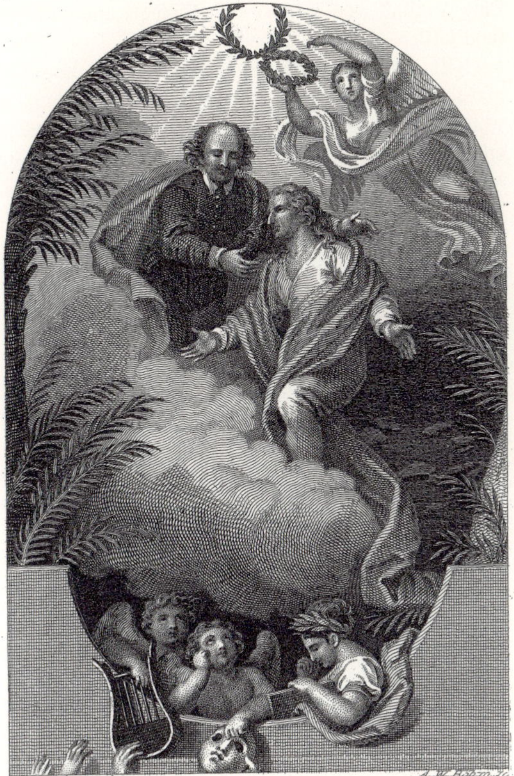

J. Ramberg del. A. W. Böhm sc.

IV. "Ein buntes Menü"
Das Programm der Taschenbücher

Eine Vielfalt von Textsorten, Themen und Formen fand in den Almanachen ihre Leserinnen. Trotz dieser Vielfalt kann man aber eine Reihe von programmatischen - sich im Laufe der Zeit auch durchaus wandelnden - Eigenschaften der Frauenalmanache erkennen. Insbesondere am Beispiel der *Cornelia*, die zwischen 1815-1873 erschien, und an einigen anderen Taschenbüchern wird deshalb im folgenden gezeigt, aus welchen Zutaten das "bunte Menü" der Almanache bereitet wurde.

1. Gedichte

Die anfangs von den Autoren und Autorinnen der Frauenalmanache am meisten verwendete literarische Gattung ist die des Gedichts. In einer großen Formenvielfalt (Ballade, Sonett, Terzett, Ode) wird den Leserinnen vor allem das Thema Liebe präsentiert. Ob "Liebe",[1] "Jägers Liebesklage",[2] "Meiner Geliebten"[3] oder "Liebeswahnsinn",[4] immer sehnt sich ein Mann nach einer Frau oder die Frau nach einem Mann. Die "Mädchen-Gedanken" im *Taschenbuch der Liebe und Freundschaft gewidmet*, vermitteln dem Lesepublikum einen Eindruck, wie sich die Mädchen des 19. Jahrhunderts Gedanken über ihre Zukunft und besonders über den Zukünftigen machen: Sollen sie heiraten? Ledig bleiben? Was ist wichtiger: "Liebe" oder ein gesichertes Einkommen? So überlegt Regina:
"Doch - lieb' ich ihn, nur ihn allein?
Wird keinen sonst mein Herz vermissen? -
Wozu das ? stille, mein Gewissen,
Ich werde Präsidentin seyn."[5]

Oftmals kommt es gar nicht zur Heirat. "Die Spinnerin", ein Mädchen, das noch an seinem Brautkleid spinnt, beweint den plötzlichen Tod ihres Zukünftigen:
"Warum ging er schon schlafen,
Und's ist noch Morgen kaum?
Hätt' er mich mitgenommen,
Die Lieb' braucht wenig Raum!"[6]
In der Ausgabe der *Cornelia* von 1816 stehen politische Gedichte im Vordergrund: "An das Vaterland",[7] "Vaterlandsruhm" (Nach Walther von der Vogelweide),[8] "Deutsches Bundeslied",[9] "An die deutsche Raths-Versammlung in Wien",[10] "Der neue deutsche Bund".[11] Hiermit soll bei den Leserinnen besonders die patriotische Gesinnung angesprochen und bestärkt werden.
Einen besonderen Stellenwert nehmen die Gedichte ein, die in schwäbischer Mundart geschrieben und vor allem im Almanach von 1817 zu finden sind: "Die Krippe",[12] "An einen Todtengräber",[13] "Der Regenbogen"[14] oder "Der Schwarzwälder bei seiner Heimkehr aus dem Kriege":
"Jez bin i au im Welschland gsi,
Ditsch he'mer mit de Welschen g'sproche.
Se hen es au kei Rose broche !
Doch g'sellt mers gar nit überm Rhi !
[...]
Hilfts Glück nit, hilft en andrer doch !
Mer mueß ihm nur, was sie ist, gebe;
Un alles leit jo nit am Lebe:
Mer hen wol ebbes bessers noch."[15]
Auffallend viele Gedichte sind religiösen Inhalts und dienen der häuslichen Andacht: "Gebet eines Altdeutschen",[16] "Gebet um Vertrauen. Im Namen eines vortrefflichen Weibes."[17] Verse wie "Lied einer Pilgerin",[18] "Bei der Beerdigung einer jungen Nonne",[19]

"Am Grabe der heil. Notburga",[20] "Mariä Himmelfahrt"[21] oder "Beichte und Strafe"[22] rufen die Frauen zu Geduld, Nachgiebigkeit, Demut und Gehorsam auf. Auch werden christliche Feste wie Ostern "Die Kreuzigung"[23] und Weihnachten "Das erste Christgeschenk",[24] "Am Weihnachtsabend",[25] "Christabend"[26] thematisiert.

Die Vielzahl dieser Texte zeigt deutlich, welche große Rolle die Religion im Leben der Frau des 19. Jahrhunderts spielte.

Gedichte mit zeitgeschichtlichem Inhalt dürfen natürlich ebenfalls nicht fehlen: "Bey der Einweihung des Thüringischen Candelabers am 1. September 1811",[27] "Dem Kronprinzen von Preußen zum Abschiede von Koblenz am 5. Aug. 1817".[28] Politisch sind diese Gedichte allerdings nicht zu nennen, vielmehr geht es etwa auch bei den Versen "Der 18. October 1814. Ode. Am Morgen des Tages," die an die Völkerschlacht bei Leipzig erinnern, um einen "Musengesang".[29] Die Jahreszahlen bei den Gedichten sind oft beliebig austauschbar und dienen lediglich dazu, den Anschein von Aktualität hervorzurufen.

Auffällig sind die vielen Kurzzeiler, die - wohl als Seitenfüller dienend - sittliche Normen in meist heiterer Art und Weise verkünden. So stößt die Leserin auf einige "Gedichtchen", die sich gegen die Eitelkeit richten und mit denen den Frauen die wahren Werte wie Bescheidenheit und Natürlichkeit vor Augen geführt werden sollen:

"Gewissensfrage

Sollen wir, o Lyda, sprich, Deinen Putz bewundern oder Dich?"[30]

Gedichte wie "Frühlingslied",[31] "Maylied",[32] "Reiselied - im Rheingau zu singen",[33] "Rheinweinlied - auf dem Rhein zu singen",[34]

"Jagdlied"[35] dienen der Unterhaltung, ebenso "Räthsel"[36] und Anagramme, die am Schluß der Almanache aufgelöst werden.

Die Zahl der Gedichte ging in der *Cornelia* im Zeitraum 1816-1843 konstant zurück: So findet man in den Almanachen von 1843 und 1844 jeweils nur noch ein einziges Gedicht am Schluß vor (1816 waren es noch 77 Gedichte!).

Auszüge aus Tragödien wie "Die sieben Helden vor Theben"[37] oder "Die Danaiden in Argos"[38] und als Rollenspiel und Dialog gestaltete Gedichte ("Im Walde")[39] sollen bei den Leserinnen die Erinnerung an Theaterbesuche wecken, die sich bei den Frauen des Bürgertums im 19. Jahrhundert großer Beliebtheit erfreuten.

Im *Dritten Toilettengeschenk für Damen* stößt man sogar auf die dramatische Skizze "Der schöne Zirkel, oder Züge aus dem Porträt einer geistreichen Dame",[40] die - mit Regieanweisungen versehen und als Theaterstück gestaltet - das Lesepublikum zum Nachspielen einlädt. Dafür gab es aber auch noch besondere Kalender (etwa den *Dramatischen Almanach*), die im Gegensatz zu den übrigen Taschenbüchern nur Theaterstücke (Lustspiele, Singspiele, Schauspiele, Possen usw.) enthielten.

2. Erzählungen

An die Stelle der Gedichte treten im Laufe der Zeit immer mehr Erzählungen, die nicht nur in der Anzahl, sondern auch an Länge zunehmen.

Die Hauptpersonen der Almanacherzählungen stammen meist aus dem alten Hochadel: "Lady Arabella Stuart, eine Enkelin Heinrichs des Siebenten, dessen älteste Tochter, Margaretha, ihre Mutter gewesen war, saß in einem einfach, ja für ihren hohen Stand fast ärmlich möblirten Zimmer an ihrem Schreibtische und schrieb."[41] Diese Heldinnen leben meist von der Welt zurückgezogen, und nicht selten endet ihr Leben im Kloster. Die Handlung spielt oft in einer verklärten Vergangenheit, im Mittelalter, zumindest aber in der vornapoleonischen Zeit. Der wichtigste Schauplatz der Almanachgeschichten ist deshalb das Schloß: "Es war am zwölften August des Jahres 1689, als Anna von Sickingen und Bertha von Schauenburg, die beyden Hoffräulein der Markgräfin Franziska, auf der Terrasse des Schlosses zu Baden saßen".[42]

Verlassen die Heldinnen einmal ihre aristokratische Umgebung, dann geraten sie unweigerlich in den Wald: "Der Wald fing an lichter zu werden, da jetzt der Pfad an dem Rande einer tiefen Schlucht hinführte, aus welcher der Bach, der sich unten ganz dem Blicke entwandt, nur durch ein schauerliches Rauschen seine Nähe kund gab."[43] Auch das Hauptthema, Liebe, oder genauer gesagt: die Suche nach dem richtigen Ehemann, verändert sich kaum.

Die Frauen werden in diesen Geschichten als Ideal ihres Geschlechts dargestellt: Sanftmut, Demut, Bescheidenheit, Geduld und religiöser Glaube sind ihre wichtigsten Charakterzüge, mit denen sie einen Mann zu gewinnen suchen. In den meisten Fällen führen genau diese Eigenschaften zum ersehnten Ziel: der Heirat. Ob es auch der "Richtige" ist, spielt dabei keine große Rolle - wichtig ist nur, daß man sich einen Mann "ergattert" hat.

Schwieriger wird es, wenn der begehrte Mann schon vergeben ist oder sich die beste Freundin für ihn interessiert: Dann führt der Weg der duldsamen Frau ins Kloster, wo sie als tiefgläubige Christin ihr Leben beschließt.

Das Thema "Liebe" und "Heirat" ist in zahlreichen Texten als Erzählung, Glosse, Legende, Sage, biographische Skizze, dem Leben entnommenes Bild und (historische) Novelle variiert; davon zeugen Geschichten wie "Die zufällige Trauung",[44] "Elsbeth, die Braut auf Burg Lindenstein",[45] "Swanehild und Otho",[46] "Zaubermord",[47] "Der Maskenball"[48] oder "Die Brautkrone".[49] Die Leserinnen erhalten so Gelegenheit, ihrer Realität zu entfliehen, sich mit den Almanachfiguren zu identifizieren und mit ihnen zu leben, zu lieben und zu leiden. Abweichungen von den bekannten Handlungsmustern finden sich selten: In der *Cornelia* von 1817 verläßt eine Nonne in "Gela, eine historische Sage"[50] das Kloster, um mit einem König zu fliehen und diesen zu lieben. Hier "siegt" also die Liebe und wird über das religiöse Treuegelöbnis gestellt!

Tatsächliche, authentische Berichte von historischen Begebenheiten sind äußerst rar: z. B. in der *Penelope* die historische Skizze "Temudschin Dschingis-Khan und seine Nachfolger".[51] Sehr viel mehr Phantasie als bei der Themenwahl entwickelten die Autoren bei den Gattungsbezeichnungen: Novellen, Legenden, Sagen, Erzählungen, Nachtstück,[52] Schwank,[53] Fragment,[54] Märchen,[55] Eingang,[56] Bruchstück,[57] aber auch Novelette, Fantasiestück oder Romanzenkranz.

Daß die Frauenalmanache zu Beginn des Jahrhunderts mehr die Aufgabe hatten, zu belehren als zu unterhalten, beweist der Almanach *Pot-Pourri für Dames. Eine Auswahl vortrefflicher Aufsäzze* aus dem Jahre 1800. Hier erhalten die Rezipienten nicht Gedichte, Erzählungen, Porträts oder Mode- und Reiseberichte zur Lektüre, sondern "wissenschaftliche" Aufsätze mit rein informativem Charakter etwa aus den Bereichen Natur, Physik, Geographie und Medizin.[58]

3. Porträts

Verdiente und berühmte Persönlichkeiten werden den Leserinnen sowohl in Gedichten als auch in Prosatexten vorgestellt. Lebensbeschreibungen und detaillierte biographische Angaben sind selten, meist beschränken sich diese Porträts auf Widmungsgedichte wie "Heinrich Frauenlob",[59] An Luise, Königin von Preussen",[60] "Zum Gedächtniß der Gattin meines Bruders, Frau Clementine Friederike Geib, geborenen Schäffer, welche am 6. Januar 1842 von dieser Erdenwelt schied"[61] oder auf eine bestimmte Episode aus dem Leben der beschriebenen Persönlichkeit wie in "Ida von Ramschwag".[62]

In der *Penelope* dagegen stößt die Leserin auf die biographische Erzählung über das verbürgte Leben von Sophie Becker: "Sophie Becker und ihr Verhältnis zu Elisa v. d. Recke, der Herzogin von Kurland, Tiedge, Gleim, Klamer-Schmidt, Bürger, Nicolai, Moses Mendelssohn und mehreren andern ihrer Zeitgenossen."[63]

Zum Porträt gehört auch die Errichtung des "Pantheon(s) edler Frauen aus unserer Zeit"[64] in der *Cornelia* von 1842. "Dieses Pantheon soll künftig einen stehenden Artikel der Cornelia bilden"[65] - so heißt es - und will besonders Frauen hervorheben, die sich durch besondere Tugenden und soziales Engagement verdient gemacht haben: "Schwester Martha"[66] galt als "Schutzengel der Armen" und wird aufgrund ihrer aufopferungsvollen Pflege und Betreuung der Kriegsgefangenen und Kranken als nachahmenswertes Beispiel geschildert, ebenso

"Elisabeth Fry",[67] die sich für die weiblichen Gefängnissträflinge in Newgate (London) einsetzte, dort die Gründung von Lese- und Arbeitsschulen bewirkte und somit den Grundstein für die Neuorganisation des Gefangenenwesens legte.

4. Für die Dame von Welt: Mode- und Reiseberichte

Gedichte und Erzählungen sind also die Hauptzutaten, aus denen das Menü *Cornelia* und auch das der meisten anderen Frauenalmanache zubereitet wird. Modeberichte etwa fehlen in der *Cornelia* völlig. Dagegen informiert das Taschenbuch *Erstes Toilettengeschenk* die Leserin anhand eines Briefes (in dem Minna Sophie über ein Fest vom Vortage berichtet), was "man" trägt oder besser nicht trägt:
"Du erinnerst Dich doch der übrigens recht liebbaren, aber etwas breiten Frau von W.? Welch böser Dämon mochte sie verleitet haben, eine gelbe Chlamys für den gestrigen Abend zu wählen? Warum mochte sie wohl röthliche Strümpfe und weiße Sandalen zur Dekoration eines Fußes gewählt haben, an dessen Verhüllung dem Auge wahrlich weit mehr gelegen seyn würde, als an diesem Effekt ?"[68]
Informationen zur aktuellen Mode erhielt die Frau dagegen aus den Zeitschriften wie *Journal des Luxus und der Moden* oder *Zeitung für die elegante Welt*. Die Herausgeber der Almanache befürchteten wohl, bei den Frauen Putzsucht und Eitelkeit durch den Bericht über die neuesten Modeerscheinungen zu bestärken.
Reiseberichte sind in den Frauenalmanachen relativ selten. Kurze Ortsbeschreibungen informieren zu Beginn der Erzählungen oder als Anmerkung die Leserin, wo die Handlung spielt: "Hugo von Windeck": "Die Burg Windeck liegt diesseits des Rheins im Badi-

schen, sechs Stunden von Strasburg".[69] Lediglich als Erläuterungen zu den Kupferstichen findet man auch Beschreibungen ferner Orte. Das Fehlen ausführlicher Berichte deutet darauf hin, daß die Leserinnen gar nicht zum Reisen, zum "Aufbruch in die fremde Welt" animiert werden, sondern zu Hause in der Heimat bei Mann und Kindern bleiben sollten, denn:
"Da ist ein freies Streben,
Da ist ein Heimathland,
Da ist noch reines Leben
Wie's quillt aus Gottes Hand."[70]

---

[1] Cornelia, 1817, Max v. Schenkendorf, S. 15.
[2] Cornelia, 1834, A. Schreiber, S. 310.
[3] Ebd., Carl Geib, S. 317.
[4] Cornelia, 1842, Schreiber, S. 356.
[5] Taschenbuch der Liebe und Freundschaft, 1815, St. Schütze, S. 225.
[6] Cornelia, 1822, Schreiber, S. 154.
[7] Cornelia, 1816, Overbeck, S. 13-15.
[8] Ebd., Chr. Niemeyer, S. 40f.
[9] Ebd., Schreiber, S. 83f.
[10] Ebd., Christian Graf zu Stolberg, S. 80-82.
[11] Ebd., Schreiber, S. 115f.
[12] Cornelia, 1817, ungenannt, S. 9.
[13] Ebd., ungenannt, S. 88.
[14] Ebd., ungenannt, S. 126.
[15] Ebd., Von einem Schwarzwälder, S. 89. Vgl. zur Rolle A. Schreibers in Baden Ernst Weber: Lyrik der Befreiungskriege (1812-1815). Gesellschaftspolitische Meinungs- und Willensbildung durch Literatur. Stuttgart 1991.
[16] Cornelia, 1816, A., S. 65.
[17] Cornelia, 1820, F. W. Jung, S. 223-225.
[18] Cornelia, 1816, Hill, S. 119f.
[19] Ebd., M. v. Schenkendorf, S. 129-131.
[20] Cornelia, 1817, Hill, S. 63.
[21] Cornelia, 1821, M. v. Schenkendorf, S. 50f.

[22] Cornelia, 1822, Neuffer, S. 197-205.
[23] Cornelia, 1817, Borhammer, S. 53.
[24] Cornelia, 1816, Schreiber, S. 108f.
[25] Cornelia, 1817, Max v. Schenkendorf, S. 85.
[26] Cornelia, 1820, Max v. Schenkendorf, S. 218f.
[27] Cornelia, 1816, N., S. 32-35.
[28] Cornelia, 1819, Max v. Schenkendorf, S. 6-8.
[29] Cornelia, 1816, Christian Graf zu Stolberg, S. 106f.
[30] Cornelia, 1817, A., S. 57.
[31] Cornelia, 1822, Theophania, S. 215.
[32] Ebd., A. Hüller, S. 38f.
[33] Cornelia, 1817, Schreiber, S. 21.
[34] Ebd., Schreiber, S. 101.
[35] Cornelia, 1834, A. Schreiber, S. 313.
[36] Ebd., A. Schreiber, S. 311.
[37] Cornelia, 1816, H. Voß, der Sohn, S. 42-56.
[38] Cornelia, 1817, Heinrich Voß d. jüng., S. 37.
[39] Cornelia, 1822, Schreiber, S. 26-28. Es treten auf: Der Spaziergänger, der Jäger, der Jüngling, der Holzhändler, das Mädchen, der Sammler, der Kunstfreund, das Kind, der Dichter, der Waldgeist.
[40] Drittes Toilettengeschenk, 1807, Louise Brachmann, S. 51.
[41] Cornelia, 1843, S. 89, Amalia Schoppe "Die Kronprätendentin", historische Erzählung, S. 89-148, hier 89.
[42] Cornelia, 1834, A. Schreiber "Die Zerstörung Badens", S. 153.
[43] Cornelia, 1822, "Der Rächer", S. 104.
[44] Cornelia, 1816, Ein Ungenannter, S. 188-198.
[45] Cornelia, 1817, A. L. Grimm, S. 131.
[46] Cornelia, 1821, Helmina von Chézy, S. 121-179.
[47] Cornelia, 1822, Romantische Novelle von Dr. Georg Döring, S. 224-234.
[48] Cornelia, 1841, Erzählung von Lina Reinhardt, S. 1-68.
[49] Cornelia, 1842, Novelle von Bernd von Guseck, S. 158-270.
[50] Cornelia, 1817, Schrbr., S. 198.
[51] Penelope, 1817, Fr. Gleich, S. 57.
[52] Taschenbuch der Liebe und Freundschaft, 1811, St. Schütz "Im Tode vereint", S. 265.
[53] Taschenbuch der Liebe und Freundschaft, 1815, Friedrich de la Motte Fouqué "Die Geschichten vom Rübezahl", S. 255.
[54] Ebd., Schiller "Wallenstein und Seni", S. 7.
[55] Taschenbuch der Liebe und Freundschaft, 1817, A. F. C. Langbein "Die goldene Gans", S. 47.
[56] Ebd. St. Schütze "Die Stufen der Liebe", S. 135.
[57] Taschenbuch der Liebe und Freundschaft, 1822, Friedr. v. Heyden "Der rächende Strom", S. 151.

[58] Als Beispiel können die "Physikalischen Merkwürdigkeiten" dienen, die "Vom Fluge der Vögel" berichten: "Man kann ohne Fehler annehmen, daß im Durchschnitt ein Vogel nicht leicht unter 800, und oft 1000 mahl schwerer sey, als der Theil Luft, welcher eben so viel Raum einnimmt, als er." Pot-Pourri für Dames, 1800, o. N., S. 22.
[59] Cornelia, 1816, F. W. Jung, S. 19-31.
[60] Cornelia, 1817, Schreiber, S. 29.
[61] Cornelia, 1843, Karl Geib, S. 323f.
[62] Cornelia, 1816, Schreiber, S. 154-165. Eine historische Novelle.
[63] Penelope, 1843, Julie von Großmann, S. 144.
[64] Cornelia, 1842, Sch., S. 1.
[65] Ebd. Sch., S. 1.
[66] Ebd. Sch., S. 1.
[67] Cornelia, 1843, Ein Lebensbild von Dr. J. Günther, S. VII-XIV.
[68] Erstes Toilettengeschenk, 1805, o. N., S. 22.
[69] Cornelia, 1816, Schreiber, "Hugo von Windeck", S. 136-138.
[70] Cornelia, 1817, Schreiber "An die Berge der Heimath", S. 71.

Ulrike Lutz

Der Frauenalmanach und die Geschichte

Die hier untersuchten Almanache stammen aus der ersten Hälfte des 19. Jahrhunderts, einer Zeit großer politischer und gesellschaftlicher Umwälzungen: die Napoleonische Herrschaft, die Befreiungskriege und die Neuordnung Europas, der Vormärz, die Revolutionen von 1830 und 1848 und schließlich die zweite Restauration, dazu ökonomisch und gesellschaftlich das allmähliche Einsetzen der Industrialisierung prägten das Erscheinungsbild dieser Zeit.

Von alldem erfährt die Leserin des Almanachs nur wenig. Wie man ihr Geschichte nahebrachte, sollen zwei Beispiele zeigen: "Fürst und Bürger im sechzehnten Jahrhundert. Eine historisch-romantische Skizze von Wilhelm Blumenhagen" aus der *Orphea* von 1828 (S. 1-119) und "Die Freimaurerinnen", die Alexander von Sternberg in der *Penelope* von 1846 (S. 127-216) veröffentlicht hat. Es sind gegensätzliche Texte. Der eine verführt die Leserin zu einer Flucht in die deutsche Vergangenheit, der zweite spielt in der Zeit, in der er entstanden ist, und übt durchaus ironisch Kritik an Zeiterscheinungen.

"Fürst und Bürger im sechzehnten Jahrhundert" handelt von der Fehde zwischen den protestantischen Bürgern Braunschweigs und dem katholischen Fürsten, der die Stadt als Eigentum beansprucht. Allerdings wird das Problem nicht geschichtlich, politisch oder sozialkritisch betrachtet, sondern auf zwei Liebesgeschichten und ein Eifersuchtsdrama reduziert. Geschichte wird in den Almanachen immer als Familiengeschichte dargestellt, als emotionale Beziehung zwischen wenigen Menschen, auf die die Macht konzentriert ist. Gekränkte Ehre und Rache für widerfahrenes Unrecht auf der einen Seite und die erste Liebe auf der anderen sind der Motor dieser Erzählung. Herzog Heinrich und Klaus Barner, der Bürgermeister Braunschweigs, sind Todfeinde, seit Heinrich die Braut Barners, Eva von Troth, verführt und jenen von seinem Grundbesitz mit Waffengewalt vertrieben hat. Aus der langjährigen außerehelichen Beziehung Heinrichs zu Eva von Troth stammt Eitel Heinrich von Kirchberg, der sich in die "ehr- und tugendsame Tochter des [...] Herrn Obristen und Commandanten Klaus Barner" (*Orphea* 1828, S. 25 f.) verliebt. An einem großen Festtag Braunschweigs entdeckt er sie und nimmt an einem seltsamen, althergebrachten Glücksspiel teil, um sie zu gewinnen. Er setzt seine Freiheit und sein Erbe "um den Besitz der lieblichen Jungfrau" (S. 30) aufs Spiel und gewinnt. Unter einem Vorwand lockt der Herzog, sein Vater, ihn zu sich und zwingt ihn, seinen Sohnespflichten nachzukommen und am Krieg gegen Braunschweig teilzunehmen. So muß er sein Wort gegenüber Barner und seiner Braut brechen. Zum Schluß löst sich allerdings alles in Wohlgefallen auf, und das Paar findet doch noch zueinander. Auffällig ist zunächst, daß die Handlung in der frühen Neuzeit angesiedelt ist, ja teilweise noch den Geist des Mittelalters zu atmen scheint. So wird von Eitel gesagt, daß er ein "ritterlich Gemüth" (S. 60) habe. Herzogtum und Stadt werden ebenso selbstverständlich patriarchalisch und autoritär geführt wie die Familie. Herzog Heinrich und Klaus Barner stehen im Mittelpunkt, sie bestimmen allein über das Schicksal ihrer Familienangehörigen und Untertanen. Der jeweilige Herrscher (Kaiser, König, bis hin zum Familienvater) wird als liebende, verantwortungsvolle, falls nötig auch strenge Vaterfigur gesehen. Hier wird die ideale Familie vorgeführt: Der Vater bestimmt das Leben der

Familie, er hat den Überblick über das politische und soziale Umfeld, in das die Familie eingebettet ist; die Mutter hat für einen wohlgeordneten Haushalt und für ein Familienleben voller Harmonie zu sorgen; die Kinder sind gehorsam und lieben ihre Eltern über alles. Aus einer idealisierten Vorzeit wird dieses Bild den Leserinnen des Almanachs zur gefälligen Betrachtung vorgeführt.

Dagegen bezieht sich Alexander von Sternberg in seiner Erzählung "Die Freimaurerinnen" ganz direkt auf Erscheinungen der eigenen Zeit: "Da sieht man das neunzehnte Jahrhundert!...Dieses prüde langweilig schwatzende und moralisierende Jahrhundert, dieser ächte Zopfträger unter den Jahrhunderten" (*Penelope* 1846, S. 143). Er erzählt davon, daß ledige und verwitwete Frauen einen freimaurerischen Geheimbund gründen wollen, dessen Ziel "Herrschaft der Frauen!" ist (S. 154). "Ist es denn wahr, [...] daß Deine Schwester damit umgeht, einen neuen Orden zu gründen?'" (S. 127). Dieses ungläubige Erschrecken wird verständlich, wenn man weiß, daß nur Männer Freimaurer werden durften (auch heute noch sind in vielen Logen nur Männer zugelassen). Das Freimaurertum sollte zu Selbsterkenntnis und zu größerem Verantwortungsgefühl gegenüber der Gesellschaft führen. Sehr satirisch beschreibt A. v. Sternberg alle Auswüchse der "Freimaurerei". Orientalische Gewohnheiten, Laszivität und verdeckte Homosexualität, Herrschsucht einzelner. Darüber hinaus ist der Text eine Abrechnung mit der Frauenliteratur des Vormärz: George Sand, Ida Gräfin Hahn-Hahn, Arab. Blessington und F. Bremer (Schweden). Die vier Autorinnen sollen in den Club mit aufgenommen werden, lehnen dies aber ab. Vor allem weigern sie sich, sich als Frauen aus der

Gesellschaft zurückzuziehen und alle Männer "gänzlich zu meiden". Mit der Durchführung ihres Planes erobern sich die Frauen also eine männliche Domäne mit weiterführenden Ansprüchen auf eine aktive verantwortliche Rolle in der Gesellschaft. Dadurch stoßen sie natürlich ihre Verehrer vor den Kopf, schon weil sie ihnen den Zutritt zu ihrem Aufenthaltsort verbieten. Die Rolle der Männer wird hier durchaus ironisch gesehen, aber letztendlich kommen sie zum Ziel, das heißt, sie bringen die Frauen von ihrem Plan und heiraten sie. Am Ende siegt also auch hier die Liebe. Der Aristokrat Alexander von Sternberg, der radikalen Frauenbewegung ebenso skeptisch gegenüberstehend wie dem nationalen "Jungfrauen- und Mutterkult", plädiert am Ende für eine Gesellschaft, in der die Frauen, umfassend gebildet und vielseitig interessiert, die Männer durch ihre Weiblichkeit regieren. Das Ideal einer an der Aufklärung und dem Rokoko geschulten Geselligkeit wird am Ende in einem "Freimaurerbrief" formuliert: "Ihr habt ein schweres Stück Arbeit, Freimaurerinnen - Aber nur frisch an's Werk. Das neunzehnte Jahrhundert muß auch endlich seine Gesellschaft haben. Bis jetzt hat es nur einen Haufen pöbelhafter und roher großer Kinder." (S. 215f.).

Wann immer Frauenalmanache sich historischer oder zeitgeschichtlicher Stoffe annehmen, tun sie es nicht in politischer oder sozial engagierter Weise. Im Mittelpunkt auch solcher Beiträge steht die Erziehung der Frau zu gesellschaftskonformem Verhalten. Ein bißchen mehr Bildung, ein wenig mehr Geselligkeit, vor allem aber unendliche Treue, das sind die Eigenschaften, die Frauen aus geschichtlicher Erfahrung gewinnen sollten.

Beate Bauer

Katalogteil

NR. 75 CORNELIA TASCHENBUCH 1842
Aufgeschlagen: S. 356, Aloys Schreiber:

Liebeswahnsinn. Nach dem Engl.

Willst Du nimmer von mir lassen,
Holde zaubrische Gestalt?
Muß ich Deine Hand erfassen,
Und sie ist so eisig kalt?

Leuchtet mir Dein Blick entgegen
In der Mitternächte Traum?
Find' ich Dich auf allen Wegen,
Bindet Dich kein fester Raum?

Nein, o nein, ich kann nicht wenden
Meinen Blick von Deinem Bild,
Mag es alle Qualen senden,
O, es lächelt allzu mild.

Nicht die Fessel darf ich lösen,
Wenn kein Gott es auch verwehrt,
Meine Brust muß ich entblößen,
Wenn der Blitz hernieder fährt.

Brennt ihr Flammen, ach, verglühen
Wird das Herz doch nimmermehr,
Und noch aus der Asche sprühen
Heiße Funken wild umher.
     Schreiber

SBB L.g.d. 18/27

Rheinische Sagen.
Der Gang durch Cöln II.

NR. 76 CORNELIA 1830
Nach einer wahren Begebenheit "gegen Ende des sechzehnten Jahrhunderts". "Im Dom zu Cöln findet ein niederländischer Adeliger seine von Rebellen verschleppte Gemahlin wieder" (Erklärung zum Kupfer). Text, S. IV-VI. Nach den Erzählungen von Amalie von Helvig im Taschenbuch der Sagen und Legenden.
Abb.: Rheinische Sagen. Der Gang durch Cöln II (verkleinert auf 87,5%).
LBC Alm 272

NR. 77 CORNELIA 1821
Abb.: Kupfer zu Helmina von Chézy, geb. Freyin von Klenke: "Swanehild und Otho. Novelle", S. 121-179 (verkleinert auf 90,9%).
BPB Ze 4 C 02

NR. 78 CORNELIA 1822
Aufgeschlagen: "Der Troubadour. Nach dem Französischen, mit Musik." Text: K. Geib. Musik: unbekannter Komponist.
Abb.: Notenblatt (Faltblatt am Ende des Buches).
BPB Ze 4C 02

NR. 79 LUSTSPIELE ODER DRAMATISCHER ALMANACH FÜR DAS JAHR 1820
Aufgeschlagen: Kupfer zu "Das fünfzigjährige Fräulein. Ein Lustspiel in einem Akt" (S. 161).
Lit.: Lanckoronska/ Rümann, S. 123f.
BOSS Alsg 1811/10

Swanehild und Otho.
Von Helmina von Chezy.

NR. 80 POT-POURRI FÜR DAMES
"Die ganze feinere Welt kennt die galanten Kalender [...] Ihre Verfasser bemühen sich um die Wette, die auserlesensten Artikel zu liefern [...] Die Damen [...] sehen meistens nur auf die Modenkupfer" (aus der Vorrede, S. IIIff.).
Abb.: Inhaltsverzeichnis S. 293.
Quelle hierzu: Pot-Pourri oder Sammlung auserlesener Gegenstände zum Nutzen und Vergnügen gezogen aus den neuesten und beliebtesten Werken. Bamberg bey Vinzenz Dederich 1795 (SBB R.B. Misc. o.3).
BOSS Potp. 1800/1

NR. 81 CORNELIA 1843
Aufgeschlagen: Pantheon edler Frauen aus unserer Zeit: "Elisabeth Fry. Ein Lebensbild von Dr. J. Günther".
SBB L.g.d. 18/28

Verzeichniß
der
in diesem Bande enthaltenen Auffätze.

Von der Erde . . . . Seite 1.
Vom Fluge der Vögel . . . . = 22.
Die Rose . . . . = 30.
Von den Fächern . . . . . = 36.
Filzhüte . . . . = 38.
Englische Damen-Strohhüte = 43.
Spanische Röhre . . . . . ibid.
Corallen-Fischerey und Manufactur zu Marseille . . . = 44.

NR. 82 VERGIßMEINNICHT 1845
Abb.: Stahlstich zu "Erzählungen beim Licht. Erster Abend: Vom rothen Männel aus Straßburg", S. 11 - 27: Napoleon. unpag. zwischen S. 24-25. Illustration von L. Weißer. (verkleinert auf 77,8%).
BPB Ze 4 V 01

NR. 83 TASCHENBUCH FÜR DAS JAHR 1813
Aufgeschlagen: Charlotte von Ahlefeld: "Selbstverleugnung. Eine Erzählung aus den Ritterzeiten", S. 21-46. Kupfer S. 40 gegenüberliegend.
BPB Ze 4 T O4

NR. 84 FRAUENTASCHENBUCH 1820
Abb.: Umschlag-Rückseite: "Die Ritterfamilie" (verkleinert auf 84,3%).
BPB Ze 4 F 03

NR. 85 PENELOPE 1846
Aufgeschlagen: Alexander von Sternberg: "Die Freimaurerinnen".
Lit.: Hannelore Burchardt-Dose: Das Junge Deutschland und die Familie. Zum literarischen Engagement in der Restaurationsepoche. Frankfurt/M., S. 286f.
SBB 30.1138 (1846)

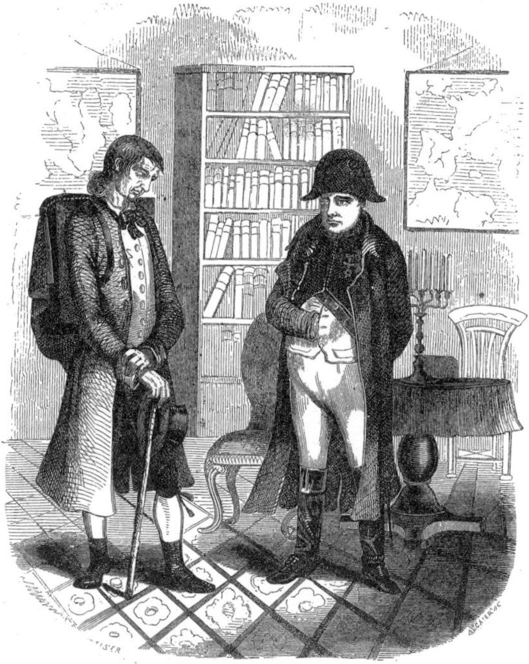

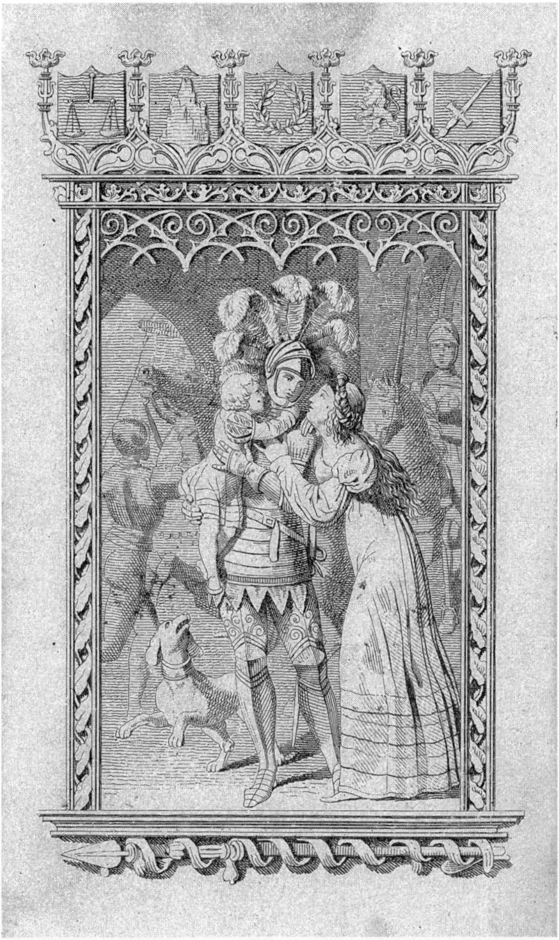

V. "Die Frau von Deutschem Muth und Sinn"
Zum Frauenbild in den Almanachen

Wie stellt sich das Frauenbild der Almanache dar? Gab es überhaupt ein spezifisches Bild der Frau, das den Leserinnen vermittelt wurde, oder wurden eher verschiedene Frauen-Leitbilder oder weibliche Gegenbilder vorgeführt? Dazu soll zunächst die Rolle der Frau in der bürgerlichen Gesellschaft vom ausgehenden 18. Jahrhundert bis etwa zur Mitte des 19. Jahrhunderts skizziert werden. Für viele Frauen stellten Almanache den wichtigsten, teilweise sogar den ausschließlichen Lesestoff dar. Es ist daher anzunehmen, daß die Beiträge der Almanache die Vorstellungen ihrer Zeit von der Bestimmung und vom Wesen der Frau als Ehepartnerin, als Mutter und in anderen sozialen Zusammenhängen reflektieren. Diese Ideale und die Form, in der sie dem weiblichen Lesepublikum der Almanache präsentiert wurden, untersucht der zweite Teil.

1. Die Rolle der Frau in der bürgerlichen Gesellschaft

Gegen Ende des 18. Jahrhunderts bildete sich eine neue Familienform heraus. Nicht mehr das ganze Haus mit seinen Bewohnern, die in einem weiter gefaßten Sinn der Familie zugerechnet wurden, sondern die Kernfamilie - Eltern, Kinder und evtl. Großeltern - tritt in den Vordergrund. Getragen wurde diese Entwicklung vor allem von den gehobenen Schichten des Bürgertums, von Beamten, Professoren und Kaufleuten.[1] Die Familie "des ganzen Hauses" war vor allem Produktionsgemeinschaft, die Kernfamilie dagegen hatte eher den Charakter einer Reproduktionsgemeinschaft.[2] Eine besondere Rolle für die Durchsetzung dieses Ideals kam der Aufklärung zu, die im Familienleben eine natürliche Lebensordnung verwirklicht sah. In dieser neuen Familienform hat die Frau besondere Aufgaben: die Erziehung der Kinder und Pflichten der Repräsentation. Voraussetzung für diesen Prozeß war die Trennung von Arbeits- und Wohnort.[3] Zwar wird die Frau durch die Auslagerung der Arbeit aus dem Haus entlastet - in gehobeneren Schichten stehen ihr zudem Dienstboten zur Verfügung - doch ihre völlige Konzentration auf die Pflege und Organisation des Haushaltes drängt sie immer mehr in die völlige Abhängigkeit des Mannes. Diese Konzentration auf die Ehe als natürlicher Bestimmung der Frau spiegeln auf vielfältige Art auch die Almanache wider. Neben der organisatorischen Leitung des Haushaltes wurde es so zur Hauptaufgabe der Frau, die Kinder zu erziehen: die Söhne auf die Berufswelt des Vaters, die Töchter auf die Tätigkeiten im häuslichen Bereich vorzubereiten.[4] Einher ging diese Entwicklung mit der Durchsetzung der Liebesheirat, auch wenn diese vielfach eher Ideal und Postulat blieb.[5]

So war die Frau nur dann ganz Frau, wenn sie in der Bestimmung als HAUSFRAU, EHEFRAU und MUTTER aufging. Dieses Konzept von der dreifachen Bestimmung der Frau läßt erkennen, wie sehr die Frau auf den privaten Bereich beschränkt blieb.[6] Seit dem Ende des 18. Jahrhunderts finden sich literarische Zeugnisse, die dieses Programm illustrieren. So zum Beispiel Wilhelmine Karoline von Wobesers "Elisa oder das Weib, wie es seyn sollte".[7] Der Roman erlebte bis 1805 sieben Auflagen und schildert das Schicksal einer Frau, die trotz schlechter Behandlung durch ihren Mann keineswegs nach Auswegen aus ihrer Situation sucht, sondern alles um der beschriebenen Ideale willen erträgt und so ihren Geschlechtsgenossinnen als vorbildlich beschrieben wird. Als wichtige Eigenschaften galten Treue, eine gewisse Seelenbildung und Anpassung an die Interessen des Mannes.[8] Im folgenden wird nun gezeigt, wie sehr die Frauengestalten, die sich in den Almanachen finden, eben diesen Vorstellungen von Weiblichkeit und der Rolle der Frau entsprechen.

2. Die Frau im Almanach

Von einem bestimmten Frauenbild der Almanache läßt sich nicht sprechen, eher schon von ganz bestimmten Leitbildern, die im Zusammenhang mit der oben geschilderten Entwicklung zu sehen sind. Dabei ist hier von besonderem Interesse, wie diese Leitbilder entworfen, womit sie kontrastiert und wie sie begründet werden. Wie stellen Autoren weibliche Verhaltensweisen dar, so daß sie einer bestimmten Norm entsprechen und welche soziale Schicht wird als vorbildlich empfunden?
Bei der Fülle literarischer Genres, die in den Taschenbüchern Verwendung finden, gibt es eine entsprechende Vielfalt von Möglichkeiten, Frauen darzustellen. Weitere Hinweise lassen sich in den Widmungen, den Illustrationen und in den Vorreden der Herausgeber finden, die ihre Kalender ja speziell für ein weibliches Lesepublikum zusammenstellen. Ähnliches gilt auch für die Einleitungen und die Schlußsätze von Erzählungen in den Almanachen, in denen oft von den geschilderten, meist historischen Ereignissen moralisierend auf die Gegenwart der Leserin verwiesen wird.
Goethe schrieb im *Taschenbuch für Damen* auf das Jahr 1801 zu den Illustrationen Johann Heinrich

Rambergs einen Text, in dem ein fiktiver Freundeskreis, Männer und Frauen, auf einer Sommergesellschaft die Karikaturen des neuesten Almanachs diskutiert:
"AMALIA: [...] Dem Herausgeber muß auferlegt werden, keinen Gebrauch davon zu machen. Ein Dutzend und mehr häßliche, hassenswerte Weiber! Begreift der Mann nicht, daß er seine ganze Unternehmung zu ruinieren auf dem Wege ist? Welcher Liebhaber wird es wagen, seiner Schönen, welcher Gatte, seiner Frau, ja welcher Vater, seiner Tochter einen solchen Almanach zu verehren, in welchem sie beim ersten Aufschlagen schon mit Widerwillen erblickt, was sie nicht ist und was sie nicht sein soll?"[9]
Lediglich positive Frauengestalten will man schildern. Diese positiven Frauenbilder werden im folgenden anhand einiger Beispiele umrissen.

2.1 Nation-Ehe-Familie-Frömmigkeit

Aloys Schreiber, der Herausgeber der *Cornelia*, ist für die Frage nach dem Frauenbild eine ergiebige Quelle. Der erste Jahrgang des Almanachs war der Königin Karoline von Bayern "ehrfurchtsvoll gewidmet":
"Wohl giebt es hohen deutschen Sinn,
Wohl giebt es edle deutsche Frauen,
Und ihnen dürfen wir vertrauen
Der Zeiten heiligen Gewinn.
Sie werden rein und treu bewahren
Des schönen Kampfes großen Preis,
Und in des Vaterlands Gefahren
Zeigt ihre Hand das Eichenreis,
Das uns das herrlichste verkündet,
Wo sichs um Königskronen windet."[10]

Frauen, vor allem die adligen Frauen, sind die Stütze des Vaterlandes in Notzeiten. Die Königin verkörpert in ihrer Rolle als Landesmutter dieses Ideal auf der nationalen Ebene. Noch deutlicher wird Schreiber bei der Erklärung des Titelkupfers, "das versprochene Bildnis der Höchstseligen Königin" konnte allerdings aufgrund eines Mißgeschicks des Künstlers im Almanach nicht abgedruckt werden. Es sollte Königin Louise von Preußen darstellen. In der Erklärung betont Schreiber natürlich vor allem die Bedrohung durch Napoleon. Dabei ist von besonderer Bedeutung, wie hier die Fürstin als Vorbild für die Leserinnen dargestellt wird. Anders als in der bürgerlichen Emanzipationsbewegung der Aufklärung, die ja gerade in der bürgerlichen Familie ein Gegenbild zur adligen Lebensweise sah, werden die deutschen Fürstinnen als Idealtyp der deutschen Frau verstanden. Deutlich wird aber auch, wie sehr sich adlige und bürgerliche Moralvorstellungen bereits angeglichen haben.

"I. Louise, Königin von Preußen.
Es ist erfreulich, daß sich die ächte Deutsche Gesinnung am reinsten in den *Deutschen* (H.i.O.) Fürstinnen und Fürstentöchtern erhalten, denn von oben herab verbreitet sie sich am schnellsten, und überhaupt mußte sie von den Frauen ausgehen, wenn sie wieder hergestellt werden sollte im Volke".[11]

Schreiber schildert ihre Schönheit, ihre Huld und ihre Frömmigkeit. Den größten Einschnitt im Leben der Königin stellt der Krieg mit Frankreich dar. Dabei wird Napoleon geradezu als Inkarnation des Bösen dargestellt:
"In das Blut der tapfersten und ritterlichsten der Bourbonen (des edlen Herzogs von Enghien) hatte er

seine Hand getaucht, um sich zu seinem Vorhaben den Schutz der höllischen Mächte zu erwerben".[12]

Und so stellt sich Napoleons Krieg mit Preußen auch gleichzeitig als Bedrohung für die Integrität der Königin dar. Wie in vielen Texten der Almanache, werden Familie, Ehe und Nation symbolisch gleichgesetzt.

"Napoleon, nicht zufrieden mit seinem Siege, wagte es nun auch, die Tugend der Königin mit dem Gift schändlicher Verläumdung zu beflecken, denn alles Heilige war ihm von jeher ein Greul".[13]

Die Ehre der verheirateten Frau ist also genauso heilig wie die Ehre und Größe einer Nation. Das nationale Pathos und die Problematik der Befreiungskriege ziehen sich durch den Inhalt des ganzen Almanachs. So in dem Gedicht "An die deutschen Frauen - Im März 1815" (Germann):

"Seyd, o seyd ihr deutschen Frauen
Zu Gebet und Arbeit wach,
Noch einmal dem Schwert vertrauen
Müssen wir die gute Sach!
[...]
Deutsche Frauen, herrlich strahle
Euch vom Auge Zorn und Muth,
Mahnt den Jüngling, daß er zahle
Freudig seine Schuld mit Blut.
[...]
Zittert nicht, ihr deutschen Frauen,
Denn der Herr ist unsre Wehr,
Darum dürft ihr uns vertrauen
Eure und des Landes Ehr."[14]

Der konkrete Bezug auf die Befreiungskriege verliert sich zwar in den folgenden Jahren, aber immer wieder wird das Thema der Bedrohung einer Frau, die stellvertretend für die Bedrohung der Nation durch einen ausländischen Aggressor steht, formuliert. Meist spielen diese Geschichten in der Vergangenheit. Besonders beliebt waren eine mittelalterliche Kulisse und die germanische Zeit. So findet sich in der *Penelope* des Jahres 1827 ein Kupferstich, der Thusnelda zeigt. Der Text schildert die Schlacht im Teutoburger Wald und die Beziehung Armins zu Thusnelda, wobei besonders Thusneldas Treue zum Vaterland und zu ihrem Volk betont wird.[15] Historische Ereignisse, Legenden und Sagen werden von den Autoren aus weiblicher Perspektive oder mit Frauen als Hauptakteuren dargestellt. So berichtet wiederum Schreiber, der sich in der *Cornelia* gewissermaßen auf solche historischen Erzählungen spezialisiert hatte, in "Alles um Liebe"[16] von der Liebe Heinrichs des Löwen zu Agnes, der Tochter des Pfalzgrafen Konrad von Hohenstaufen. Die Pfalzgräfin wird dabei als tatkräftige Frau gezeichnet, die ihre weibliche List einsetzt, damit der Welfe die Tochter des Pfalzgrafen heiraten kann. In "Ehrenspiegel Deutscher Frauen. Deutscher Frauenmuth"[17] erzählt Schreiber ein Ereignis aus dem "Orleansschen Successionskriege". Die Markgräfin Maria Franziska von Fürstenberg weigert sich, ihre Untertanen zu verlassen, obwohl französische Soldaten alles niederbrennen, die Gräber schänden und sogar ein Nonnenkloster anzünden. Erst im allerletzten Moment, als bereits alle anderen geflohen sind, ist auch die Markgräfin bereit, ihr Schloß zu verlassen.

"In der Hauptkirche zu Baden ist ihr lebensgroßes Bildniß von der Hand eines unbekannten, aber trefflichen Bildhauers. Sie knieet neben ihrem Gemahl, auf einem Sarkophag und in der edlen, herrlichen Gestalt erkennt man die Frau von deutschem Muth und Sinn."[18]

Ähnliche Beiträge finden sich auch in anderen Almanachen. Nur selten weichen die Erzählungen vom Muster ab.

In *Lilien. Taschenbuch historisch-romantischer Erzählungen* für das Jahr 1845 versteckt sich eine der interessantesten Erzählungen: Die Geschichte von der polnischen Jüdin Esther, die, genau wie ihre alttestamentliche Namensvetterin, bereit ist, sich dem polnischen Herrscher hinzugeben, um ihr Volk zu retten.[19] Esther ist eine selbstbewußte, intelligente Frau:

"'O, ich bitte Euch!' fiel das Mädchen ein, und um ihren Mund zuckte ein Lächeln, das etwas von Verachtung hatte, 'Die Männer, die ich um mich sehe, werden thun was die Männer zu Susa thaten, als 'ein großes Klagen war'".[20]

Esther wird die Geliebte des Königs, der sie mit Geschenken und Aufmerksamkeiten überschüttet. Dennoch gibt Esther weder ihren Glauben noch ihre persönliche Unabhängigkeit auf.

Vor allem aber sollen die Leserinnen zur Frömmigkeit angehalten werden, wie ein Kupfer mit Erklärung in der *Urania* für 1836, "Der Gang zur Kirche" betitelt, zeigt:

"Dies kleine anspruchslose fast rührende Bild, wäre ein Genrebild im eigentlichsten Sinne zu nennen, wenn nicht in unserer Zeit das Genre Derer, die so wie diese Jungfrau zur Kirche gehen, fast ausgestorben und erloschen wäre."[21]

Die zurückhaltende Schönheit des Mädchens verdeutlicht christliche Tugend. Die Möglichkeit eines eigenen weiblichen Lebensweges als Nonne wird ebenfalls unter den Idealbildern des Weiblichen ausgeführt. Die Weltentsagung der Nonne ist die Fortsetzung weiblichen Wohlverhaltens mit anderen Mitteln.[22]

Die Lebensfelder für Frauen sind also in gewisser Weise austauschbar. Innerhalb des Staates, der Ehe und auch der Kirche hat die Frau den vorgegebenen Leitbildern zu entsprechen. Alternative Lebensentwürfe werden von den Almanachen selten diskutiert.

2.2 Jungfrau-Gattin-Mutter

Die gesellschaftlichen Vorstellungen von der Funktion und Stellung der Frau in Ehe und Familie überwiegen. Gerade in diesem Bereich sind die Almanache sehr affirmativ, emanzipatorische Gedanken finden keinen Eingang, weder von weiblichen noch von männlichen Autoren. Frauen erscheinen in den gesellschaftlich anerkannten Rollen, meist in sicherer sozialer Stellung und mit vorgeschriebenen Aufgaben. Sie werden angesprochen als Jungfrau, Gattin und Mutter. J. Gabriel Seidel verherrlicht die Jungfrau in seinem gleichnamigen Gedicht, in dem er sie mit zahlreichen Heiligenattributen versieht und das Jungfräulichkeitsideal auf die Mutter Gottes zurückführt.

"Die Wunder, die uns Gott beschieden,
Sie ruh'n noch in der Jungfrau Hand;
[...]
Die Jungfrau steht am Lebensdome
Als ungetrübtes Ideal;
Und wie die Sonn' im Gluthenstrome:
Für alle glänzt ihr reiner Strahl;
[...]
Der Himmel ruht in ihrer Seele,
Und ihre Seele ruht im Blick.

So steht sie *hier* voll reinen Strebens,
Wie *dort* am weiten Sterngefild;
Am reichen Hochaltar des Lebens
Ein heilig' Muttergottesbild!"[23]

Ein Gedicht von Hill in der *Cornelia* auf das Jahr 1817 betont ebenfalls die Reinheit und Unschuld der Jungfrau. Er vergleicht sie mit einer Blume auf der Wiese, die die "fromme Einfalt" verkörpert. Eitelkeit liegt ihr fern, was sie besonders liebenswert macht:

"Ihr demutsvolles Streben
Geht nicht nach Fremdem hin.
Von einem goldnen Scheine
Glänzt ihre Lilienkron,
Doch sie, die Fromme, Reine,
Sie ahndet nichts davon."[24]

Auch hier wird die Jungfrau wiederum am Ideal Mariens gemessen.[25]

Die am häufigsten gewählte Rolle der Frau in den Almanachen ist die der Gattin und Mutter. Zentral ist dabei die absolute Treue der Gattin zu ihrem Mann. Eheliche Konflikte finden so gut wie überhaupt nicht statt. Für eine Selbstverwirklichung der Frau außerhalb der Ehe oder gar im Kontrast zu ihrem Mann finden sich keine Entwürfe in den Taschenbüchern. In der erwähnten Erzählung "Alles um Liebe"[26] handeln die Frauen zwar gegen den Willen des Pfalzgrafen, allerdings nicht aus einem emanzipatorischen Antrieb heraus, sondern eher um die Ehe Heinrichs des Löwen mit der Tochter des Pfalzgrafen zu ermöglichen und so einen Beitrag zur Befriedung des Reiches zu leisten. Bei der Charakterisierung der Gattin steht somit die Treue auch im Mittelpunkt der Konflikte und Situationen, die in den Gedichten und Erzählungen der Almanache entworfen werden. Das Gedicht "Eliza" von Theodor Hell,[27] das ein Kupfer kommentiert,

handelt von einer Frau, die sehnsuchtsvoll die Rückkehr ihres Mannes erwartet, der "übers Meer entführt" worden ist. Sie späht über den Ozean und kann kein Schiff erblicken, daher wendet sie sich an Gott und erfleht die Rückkehr ihres Mannes:
"Und während milden Trost das Herz empfindet
Im Zauberkreis von ahnungsvollen Träumen
Ist das Ersehnte schon geschehen."[28]
Gottvertrauen und Treue helfen der Frau, die Trennung von ihrem Gatten zu ertragen, und so wird sie mit dessen Rückkehr dafür belohnt. Die Bestimmung der Frau zur Gattin und Hausfrau ist auch Thema des Hochzeitsgedichts "Das Brautkleid. Meiner Schwester an ihrem Vermählungstage gewidmet von Agnes Franz." Als typisch weiblich werden hier Heiterkeit, Freude, Scherz, Gesang und ähnliches empfunden:
"Das ist's ja was die Weiber zieret,
Des Frohsinn's heitere Gewalt,
Die, wie die Hand die Nadel führet,
Auch rasch in Wort und Liedern schallt [...]".[29]
Im weißen Brautkleid erscheint die Frau am schönsten.[30] Mit der Heirat tritt sie in eine verantwortungsvolle Stellung ein. Von ihrer Haushaltung hängen Glück und Wohlstand der Familie ab.
Trautschold behandelt in der Ausgabe der *Penelope* von 1826 das Eheglück: "Der Gattin Lebensglück. An Lina. Ein ernstes Kapitel aus dem Ehestandskatechismus".[31] Die Liebe wird als "Lebensquell" der Ehe bezeichnet. Herrschen anfangs noch Scherz und Einvernehmen vor, so folgen doch "Lauigkeiten" und Verdruß, wenn der "Scherz verstummt".[32] Daher ist die Ehe mehr als eine Sache der Zuneigung. Sie bindet die Partner aneinander, und die Treue ist ein stärkeres Band als die heitere Liebe.
"Drum sagten wir's uns schon zur Zeit der Wonne:

Nicht immer strahlen wird die Freudensonne!
[...]
Doch bleibt ihr Sinn; die Meinung sei verschieden;
Sie wandeln fort in stets erneutem Frieden.
[...]
Von außen freilich unausweichlich naht
Versuchung ferner zur Empfindlichkeit;
Doch nicht vom Wortklang, nicht vom Schein der That
Sey trüglich deutend Schluß an Schluß gereiht.
Auch Härteres zum Besten liebreich wenden,
Der Köpfe Streit durch Herzenseinung enden
Die Reden meiden, die verwundet hatten:
Daran erkennt man treugesinnte Gatten."[33]

Einen tragischen Fall von Treue schildert Theodor Hell in der *Penelope* von 1831. Ihre Treue wird "Johanna von Castilien"[34] zum Verhängnis. Die Tochter von Isabella und Ferdinand von Spanien habe ihren Mann, Philipp den Schönen, weitaus mehr geliebt als dieser sie. Ihre Liebe zu dem "leichtsinnigen" Philipp ist so groß, daß sie nach seinem Tode neben dem Grab auf seine Auferstehung wartet:

"Aber doch verzagt sie nicht;
Lieb ist ihres Lebens Licht!
[...]
Denn in einer Gattin Herzen
Wohnt unendliches Verzeihen.
Immer noch dem Gatten weihen
Wird sie ganz die treue Seele,
Härte und Verrath verschmerzen,
Bis des Todesengels Kuß
Führt zu seligerm Genuß."[35]

Auch in "Griselda oder die Frauentreue. Eine Novelle von Fr. Petrarcha dem Boccaccio nacherzählt. Aus dem Lateinischen von A.S. Wendt", aus der *Penelope* für das Jahr 1817, spielt die Treue die entscheidende Rolle.[36] Ein Graf, der eine Frau aus niederem Stand geheiratet hat, stellt deren Treue immer wieder auf die Probe, unter anderem indem er behauptet, er müsse sich von ihr trennen, weil das Volk keinen Nachfolger von niederer Geburt akzeptieren wolle. Er nimmt ihr sogar ihre Kinder weg.

"[...] mein Wille ist allein, was Euch gefällt, und mir gehört an diesen Kindern nichts, als meine Sorge. Ihr seyd mein Herr und auch der ihre. Uebt Euer Recht an Eurem Eigenthum, und fraget nicht nach meiner Einstimmung."[37]

Griselda erträgt alles, auch die Aufforderung, einen Empfang für die vermeintliche neue Braut vorzubereiten. Als neue Braut wird ihr schließlich ihre eigene, mittlerweile erwachsene Tochter vorgestellt. Sie akzeptiert dies mit dem Einwand, der Graf solle nicht auch mit ihr diese Spielchen treiben, da sie nicht so stark wäre, dies durchzustehen. Das ist dann endlich Beweis genug für den mißtrauischen Gatten und alles wendet sich zum Guten. Der Autor/ Übersetzer bemerkt zu dieser Geschichte, er habe sie nicht erzählt, damit die Frauen diese weibliche Geduld nachahmen, was ohnehin unmöglich sei. Vielmehr wolle er die Leserinnen zur Nachahmung der Standhaftigkeit ermahnen, damit sie so Gott gegenübertreten könnten.

Gerade bei solchen Schilderungen erstaunt es den heutigen Leser, wie rigide bestimmte Ideale durchgesetzt wurden. Zwar läßt Hell in seiner Erklärung zu dem Kupfer der Johanna von Castilien Sympathie für seine Heldin erkennen, nicht jedoch wegen ihres Leidens und ihres für ihn daraus resultierenden Wahnsinns, sondern wegen ihrer außergewöhnlichen

Treue. Treue und Häuslichkeit werden von den Autoren der Almanache als funktionale Elemente der Gesellschaft aufgefaßt. Jedes Abweichen von diesen Mustern führt in die Irre oder läßt zumindest den Wunsch nach schleunigster Rückkehr zu den bürgerlichen Tugenden entstehen. Daher wird auch in der Nacherzählung der Boccaccio-Novelle nicht das Leiden der Frau als bedeutend empfunden, sondern ihre Standhaftigkeit. Der ironische Blickwinkel des Originals, der eher den Mann bloßstellte, wird so entschärft. Besonders dramatisch zeigt Fr(iedrich) von Klotz dies in "Das Treue Mädchen".[38] Ein Liebespaar schwört sich "Treue bis in den Tod", doch der "Völkerkrieg" trennt die beiden. Adolph lernt eine reiche Witwe kennen, die genau wie er von der Revolution begeistert, ihn immer mehr in ihren Bann zieht. Adolph empfindet die "häusliche Sittsamkeit" seiner Verlobten Emma nun als abschreckend und heiratet die Witwe. Doch die Ehe mit der "heroischen" Frau erweist sich als Fehlschlag. Adolph vermißt die Liebe der Gattin. Er gerät unter den Pantoffel, verliert seine männliche Würde "und zecht sich aus Verzweiflung einem frühen Grabe zu."[39]

Emma, seine ehemalige Verlobte, wird als genaues Gegenteil beschrieben. Sie bindet sich kein zweites Mal, sondern lebt weiter bei ihren Eltern und geht jeden Abend zu der Stelle, an der sich die Verliebten einst ewige Treue geschworen hatten.

Das Ideal der treuen Gattin wird in den Almanachen nur noch durch das der aufopferungsvollen Mutter übertroffen. So etwa in den Wiegenliedern von Agnes Franz:

"Wie weit getrennt von ihrem Zauberkreise
Das dunkle Land der Gegenwart auch lieget,
Wir fühlen uns an's Mutterherz geschmieget,

173

Und jeden Gram besprochen sanft und leise,-
O Du, der Liebe erstes, theures Pfand!
Das bei der Zeiten wechselvollen Wehen
Ein Gott dem Erdenpilger hat gegeben."[40]

Ähnlich wie bei der Jungfrau begegnen uns auch bei der Mutter wieder Bilder der Heiligkeit, sehr deutlich in dem Gedicht "An meiner Mutter Grabe":

"Geheiligt ist, wo Du gehandelt,
Wo Du gelitten hast der Raum.
Wo eines Engels Fuß gewandelt,
Geleuchtet hat, da schwebt ein Himmelstraum".[41]

In der *Penelope* von 1821 findet sich ein Auszug aus Schillers Gedicht "Die Glocke" mit dem Titel "Die Mutter", das einem Kupfer zugeordnet ist:

"strömest herbei die unendliche Gabe,
Es füllt sich der Speicher mit köstlicher Habe,
Die Räume wachsen, es dehnt sich das Haus;
Und drinnen waltet
Die züchtige Hausfrau,
Die Mutter der Kinder
Und herrschet weise
Im häuslichen Kreise
Und lehret die Mädchen,
Und wehret den Knaben,
Und reget ohn' Ende,
Die fleißigen Hände,
Und mehrt den Gewinn
Mit ordnendem Sinn,
Und füllet mit Schätzen die duftenden Laden
Und dreht um die schnurrende Spindel den Faden,
Und sammelt im reinlich geglätteten Schrein
Die schimmernde Wolle, den schneeigten Lein,
Und füget zum Guten den Glanz und den Schimmer
Und ruhet nimmer".[42]

Die Mutterrolle bot auch Gelegenheit, soziale Unterschiede zu überbrücken, die in den Almanachen allerdings nur eine untergeordnete Rolle spielen. Wie die angeführten Beispiele gezeigt haben, werden die Erzählungen der Almanache meist in der Vergangenheit (Mittelalter) und in der Adelsschicht angesiedelt. Der Adel der deutschen Vergangenheit erhält sogar in seinen Frauen Leitbildfunktion. Dabei ist die Vorstellung vom Adel eher eine romantische: stattlich und heldenhaft die Männer, die Frauen mutig und tugendsam, benehmen sich seine Vertreter den bürgerlichen Moralvorstellungen gemäß. Das uneingeschränkt positive Bild der Mutter bot Gelegenheit, auch die unteren sozialen Schichten einzubinden. So findet man verschiedene Erzählungen, die im Grundton etwa lauten: Mutterschaft adelt.

In seinem "Ehrenspiegel Deutscher Frauen" in der *Cornelia* von 1817 berichtet Aloys Schreiber von einer Fürstin, die auf einem Spaziergang eine arme Mutter trifft, die keine Milch hat, ihr Kind zu stillen. Die Fürstin gibt ihr ein Goldstück, damit sie sich etwas zu essen kaufen kann. Daraufhin antwortet die Bettlerin, sie wünschte, das Goldstück würde sich in Milch verwandeln. Das rührt die Fürstin derart, daß sie, die selbst gerade ein Kind geboren hat, das Kind der Armen an ihre eigene Brust nimmt, um es zu stillen.[43] Ganz ähnlich überbrückt die Mutter auch in "Die Zigeunermutter" soziale Gegensätze.[44] Das Gedicht schildert aus der Perspektive eines Betrachters zunächst das Äußere der Zigeunerin. Sie ist "elend", hat nirgendwo "Bürgerrecht auf dieser Welt", sie ist so arm, "kein Bettler möchte tauschen". Doch dann steht dieses Äußere im Kontrast zu ihrer vorbildlichen Mutterschaft, die alle anderen Faktoren sogleich vergessen läßt:

"Neigt sich mein Haupt vor dir in frommer Demuth
[...]
Denn Mutter bist du, also gottgesendet,
Und werth, das man ans Herz in Ehrfurcht schlägt -
Der Baum ist heilig, wenn er Früchte spendet,
Der Strauch gesegnet, wenn er Rosen trägt!

Drum beug' ich rasch mein Knie - dir ist geblieben
Der Adelsbrief, wodurch wir Gott verwandt,
Der in das erste Weiberherz geschrieben
Und später "Mutterliebe" ward genannt!"[45]

2.3 Die berufstätige Frau

Die erwerbstätige Frau spielt in den Almanachen nur eine sehr marginale Rolle. Wenn, dann konzentriert sich das Interesse ganz auf die Künstlerin, deren Schöngeistigkeit und Intellekt allerdings stets hinter die Ideale der Jungfrau, Mutter und Gattin zurücktreten. Die alltäglichen Aufgaben der Frau im Haushalt oder ihr Beitrag zum Familieneinkommen in den unteren Schichten findet keine Beachtung. Spürbar ist eine Tendenz, nach der eine Frau zwar Künstlerin sein kann, allerdings stets nach der Vervollkommnung ihrer Weiblichkeit in der Ehe streben muß. Karriereentwürfe für Frauen sind diese Beispiele damit nicht. Die Frau steht auch hier im Dienst des Mannes.
Friedrich Kind schreibt über den Ruhm der Dichterin in "Ueber die Wirkung des weiblichen Geschlechts auf die Dichtkunst . Zu dem Bildnisse der Doris v. Kanitz",[46] daß bei dem Ruhm einer Dichterin zu unterscheiden sei zwischen dem Ruhm, der sich auf ihr eigenes Können begründet und dem, der nur in der

Zahl ihrer Verehrer besteht. Für ihn müssen Frauen schön sein, sowohl innerlich wie auch äußerlich.

Auch Grillparzer setzt die Bedeutung der dichtenden Frau herab; in seinem Gedicht "In das Stammbuch einer Dichterinn", das in dem Taschenbuch *Huldigung an Frauen* für das Jahr 1848 gedruckt wurde, beschreibt er das Dichten als pure Eitelkeit der Frau, die über ihre natürliche Bestimmung hinausgeht:

"Jung, schön und reich
Und dennoch Dichterinn?
In Wünschen und im Singen
Strebt sonst man nur nach Dingen
Die man noch nicht besitzt.
Du hast, was Menschen haben,
Die höchsten Schicksalsgaben,
Des wirklichen Gewinn;-
Und dennoch Dichterinn?"[47]

Für die von uns untersuchten Taschenbücher für Frauen zeigt sich also, daß die Almanache bestimmte Frauenbilder transportieren, die Leitbildern der Weiblichkeit im Bürgertum entsprechen. Treue, Ehe und Mutterschaft sind Themen, die in den Almanachen am häufigsten behandelt werden. Seit den Befreiungskriegen wird dabei die Familie stark mit der Nation gleichgesetzt. Die Bedrohung der Integrität der Frau in den Geschichten entspricht der Bedrohung des Landes durch einen Aggressor. Verlieren die Befreiungskriege mit der Zeit auch ihre Bedeutung, so überlebt das Motiv doch, meist in eine romantisch verklärte, mittelalterliche Kulisse versetzt.

Eine eigene Karriere soll die Frau nicht anstreben, ja die gesellschaftlichen Vorstellungen ignorieren sogar Alternativen, die der Frau ein besseres Leben ermöglichen würden. Selbst eine unglückliche Ehe darf sie nicht aufgeben. Die Stabilität der Familie wird über alles gesetzt. Negative Frauenrollen oder gar selbständige "Weiber" gibt es in der Regel nicht. Frauen, die Eigeninitiative oder eigenständiges Handeln entwickeln, verlieren diese im Verlauf der Geschichten. Sie werden wieder auf den ihnen zugedachten Weg der treusorgenden, liebenden Gattin gebracht.

Bedenkt man, daß neben einigen anderen Periodika Almanache der wichtigste Lesestoff vieler Frauen waren, kann man sich die Auswirkungen solcher Frauenbilder auf die Mentalität der Leserinnen leicht vorstellen. Generationen von Frauen wurde so ein ausschließlich rosiges Bild von Ehe, Familie und absoluter Treue gegenüber dem Mann vermittelt, das zumindest in den Almanachen keine Korrektur durch alternative, weibliche Lebensentwürfe erfuhr.[48]

---

[1] Zur Entwicklung der bürgerlichen Kleinfamilie siehe Dülmen, Richard van: Kultur und Alltag in der Frühen Neuzeit. Bd. I. Das Haus und seine Menschen, München 1990, S. 229-240; Schumann, Sabine: Das "Lesende Frauenzimmer". Frauenzeitschriften im 18. Jahrhundert, in: Barbara Becker-Cantarino (Hg.): Die Frau von der Reformation zur Romantik. Die Situation der Frau vor dem Hintergrund der Literatur- und Sozialgeschichte (= Modern German Studies, Vol. 7), Bonn 1980, S. 138-169, hier S. 138.

[2] Zum Wandel des Familienbegriffs (Forschungspositionen) Becker-Cantarino, Barbara: (Sozial)Geschichte der Frau in Deutschland, 1500-1800. Ein Forschungsbericht, in: Diess. (Hg.): Die Frau von der Reformation zur Romantik, S. 243-281, hier S. 253-256; ferner Weber-Kellermann, Ingeborg: Frauenleben im 19. Jahrhundert. Empire und Romantik, Biedermeier, Gründerzeit, München 1983, S. 30-32.

[3] Dülmen: Kultur und Alltag, S. 231.

[4] Weber-Kellermann: Frauenleben, S. 32-34, S. 53ff.

[5] Dülmen: Kultur und Alltag, S. 236ff.; Weber-Kellermann: Frauenleben, S. 56.

[6] Weber-Kellermann: Frauenleben, S. 49f.

[7] Textausgabe: Wilhelmine Karoline von Wobeser: Elisa oder das Weib, wie es seyn sollte; Christian August Fischer: Über den Umgang der Weiber mit Männern, hg. von Lydia Schieth (= Frühe Frauenliteratur in Deutschland, Bd. 8), Hildesheim / Zürich / New York 1990; dazu Schieth, Lydia: "Elisa oder das Weib, wie es seyn sollte". Zur Analyse eines Frauen-Romanbestsellers, in: Helga Gallas/ Magdalene Heuser (Hgg.): Untersuchungen zum Roman von Frauen um 1800, Tübingen 1990, S. 114-131.

[8] Zur Bedeutung der Privatisierung der weiblichen und damit der familiären Lebenswelt des Bürgertums zuletzt Holernstein, Pia/ Schindler, Norbert: Geschwätzgeschichte(n). Ein kulturhistorisches Plädoyer für die Rehabilitierung der unkontrollierten Rede, in: Dynamik der Tradition. Studien zur historischen Kulturforschung IV, hg. von Richard van Dülmen, Frankfurt am Main 1992, S. 41-108, bes. S. 98-108; die Autoren beschreiben anhand verschiedener Beispiele die Bedeutung der Frau auch als "Aushängeschild" der bürgerlichen Familie deren öffentliches Auftreten immer mehr beschränkt und auf die Familie konzentriert wird; und Habermas, Rebekka: Frauen und Männer im Kampf um Leib, Ökonomie und Recht. Zur Beziehung der Geschlechter im Frankfurt der Frühen Neuzeit, in: Dynamik der Tradition. Studien zur historischen Kulturforschung IV, hg. von Richard van Dülmen, Frankfurt am Main 1992, S. 109-136.

[9] Johann Wolfgang Goethe: Die guten Frauen als Gegenbilder der bösen Weiber. Mit Kupferstichen von Johann Heinrich Ramberg aus dem Taschenbuch für Damen auf das Jahr 1801 (= Insel Taschenbuch 925), Frankfurt am Main 1986; vgl. dazu Lanchoronska/ Rümann, S. 65.

[10] Cornelia, 1816, 5. unnumeriertes Blatt.

[11] Cornelia, 1816, S. IX.

[12] Cornelia, 1816, S. X.

[13] Cornelia, 1816, S. XI.

[14] Cornelia, 1816, S. 127.

[15] Penelope - Taschenbuch für das Jahr 1827, 16. Jahrgang, S. XXI-XXVIII.

[16] Cornelia, 1821, S. 201-227.

[17] Cornelia, 1819, S. 195-198.

[18] Cornelia, 1819, S. 198.

[19] Lilien - Taschenbuch historisch romantischer Erzählungen für 1844 von E. von Wachsmann, achter Jahrgang. Mit sechs Stahlstichen, Leipzig, Verlag von Carl Focke, S. 235-307.

[20] Lilien, 1845, S. 249.

[21] Urania, 1836, S. XIV-XV.

[22] Erklärung zum Kupfer "Die barmherzige Schwester", Urania, 1836, S. X-XI.

[23] Penelope, 1823, S. 376 ff. (H.i.O.).

[24] Hill: "Die Jungfrau", Cornelia, 1817, S. 77.

[25] Vgl. auch Aloys Schreiber: "Mägdlein und Jungfrau", Cornelia, 1817, S. 5.
[26] Aloys Schreiber: Alles um Liebe, Cornelia, 1821, S. 201-212.
[27] Penelope, 1838, S. VII-VIII.
[28] Penelope, 1838, Kupfer: Eliza, S. VIII.
[29] Agnes Franz: Das Brautkleid, Penelope, 1826, S. 135-146, S. 135.
[30] Ein Motiv, das auch in der Cornelia, 1822, vorkommt, wenn in "Die Spinnerin" ein junges Mädchen an ihrem Brautkleid und damit an ihrer Vervollkommnung spinnt.
[31] Trautschold: Der Gattin Lebensglück. An Lina. Ein ernstes Kapitel aus dem Ehestandskatechismus, Penelope, 1826, S. 340-346.
[32] Ebd., S. 340 ff.
[33] Penelope, 1826, S. 343-345.
[34] Theodor Hell: "Johanne von Castilien - Zur Erklärung des Titelstahlstichs", Penelope, 1831, S. Vff.
[35] Penelope, 1831, S. V.
[36] Penelope, 1817, S. 151-181.
[37] Penelope, 1817, S. 169.
[38] Fr. v. Klotz: "Das treue Mädchen", Penelope, 1817.
[39] Penelope, 1817, S. 257.
[40] Penelope, 1838, S. 363, Schlaf ein! Sonettenkranz von Agnes Franz, Penelope 1838, S. 363-366.
[41] Tiedge: An meiner Mutter Grabe, Penelope, 1832, S. 340ff., hier S. 342.
[42] Penelope, 1821, S. 14.
[43] Aloys Schreiber: Ehrenspiegel deutscher Frauen, Cornelia, 1817, S. 214ff.
[44] Levischnigg: Die Zigeunermutter, Iris, 1847, S. 329-332 (mit Kupfer).
[45] Ebd., S. 332.
[46] Friedrich Kind: Ueber die Wirkung des weiblichen Geschlechts auf die Dichtkunst - Zu dem Kupfer der Doris v. Kanitz, Penelope, 1822, S. V-XXVI.
[47] Huldigung an Frauen, 1848, S. 181.
[48] Zu einem entsprechenden Ergebnis für die gesamte Gruppe der Periodika für Frauen kommt Schumann, Sabine: Das "Lesende Frauenzimmer", S. 163.

Petra Flache und Jörg Bremer

Katalogteil

NR. 86 CORNELIA 1816
Abb.: Titelblatt
BPB Ze 4 C 02

NR. 87 CORNELIA 1817
Abb.: Titelkupfer "Louise, Königin von Preußen", 2. unnumeriertes Blatt.
SBB L.g.o. 18/2

NR. 88 CORNELIA 1816
Die erste Ausgabe der *Cornelia* stand ganz im Zeichen der napoleonischen Kriege und war dementsprechend auch der preußischen Königin gewidmet. Ein Fehler des Kupferstechers verhinderte die Präsentation eines Portraits der Königin.
Abb.: Lose eingeheftetes Beiblatt. Nachricht für den Leser.
BPB Ze 4 C 02

Cornelia.

Taschenbuch für Deutsche Frauen
auf das Jahr 1816.

Herausgegeben

von

Aloys Schreiber,

Großherzogl. Bad. Hofrathe und Historiographen.

Erster Jahrgang.

Heidelberg,
im Verlag von Joseph Engelmann.

L. Portman sculp.t

LOUISE
Königin von Preußen.

Nachricht für den Leser.

Da das versprochene Bildniß der Höchstseligen Königin Luise von Preußen, unter den Händen des Kupferstechers verunglückt ist, so fand man für gut, es dem Taschenbuche nicht beizugeben. Die Zeit mangelte aber, eine neue Platte stechen zu lassen; die Verlagshandlung wird daher gedachtes Bild, nach einem schönen Mignaturportrait, dem nächsten Jahrgange der Cornelia gratis beyfügen.

NR. 89 PENELOPE 1827
Abb.: Titelkupfer "Thusnelda", 2. unnumeriertes Blatt. Erläuterung des Kupfers, S. XXIff. (verkleinert auf 90,9%). Thusnelda wird als kriegerische, mit dem Speer bewaffnete Amazone dargestellt. Erzählung und Gedicht zeigen die spezifische Rezeption historischer Stoffe durch die Almanache. Die ausführliche Erklärung des Titelkupfers von H. Hase verweist auf Tacitus. Auch Lohensteins Roman findet Erwähnung, ebenso Kleists "Hermannsschlacht": "Kleists Thusnelda versteht zwar weniger pathetisch zu sprechen, als Klopstocks; sie weiß zu necken, ist nicht ganz frei von aller Eitelkeit ... aber sie theilt des Gemahles Herz für Deutschlands Sache." (S. XXVII f.).
BPB Ze 4 P 02

NR. 90 FRAUENTASCHENBUCH 1820
Abb.: Titelkupfer "Thusnelda" (verkleinert auf 90,9%). Anders als in der *Penelope* wirkt die Darstellung im Nürnberger Almanach eher lieblich. Thusnelda, die auf einem "prächtigen Landsitz in Gallien" lebt, schlägt die Lyra. Ihr zu Füßen ihr "Lieblingsreh".
privat

NR. 91 CORNELIA 1819
Abb.: Kupfer: "Deutscher Frauenmuth", eingeheftet zwischen S. 194 u. S. 195, (verkleinert auf 90,9%). Der Stich bezieht sich auf die gleichnamige Erzählung. "Ich werde meine Wohnung nicht verlassen, bis die Flammen über mir zusammenschlagen, versetzte sie mit zürnendem Stolz dem Abgeordneten", ebd. S. 197.
SBB M.v.O. L.g.o. 492

THUSNELDA.

Thusnelda.

Deutscher Frauenmuth.

NR. 92 LILIEN 1845
Abb.: Kupfer "Esther". 7. unnumeriertes Blatt, (verkleinert auf 82,3%).
Die Geschichte der polnischen Jüdin Esther orientiert sich am biblischen Vorbild. Die Burg im Hintergrund deutet auf das Geschenk hin, das König Kasimir der schönen Jüdin aus Krakau machte.
BPB Ze 4 L 02

NR. 93 URANIA 1836
Abb.: Kupfer "Der Gang zur Kirche", eingeheftetes Blatt zwischen S. XIV und XV. (Nach einem Gemälde von Louis Blanc). Die Erläuterung (S. XIV - XV.) bezieht sich hier außergewöhnlich direkt auf den Bildtypus als Genrebild. Die Wertung der frommen Frau wird nur indirekt in die Beschreibung eingefügt.
SBB 30/1134 1836

DER GANG ZUR KIRCHE.

durch Kunst-Verlag W. Creuzbauer in Carlsr.

Stahlstich v. Carl Mayer's Kunst-Anstalt in Nürnberg.

Esther.

Verlag von C. Focke in Leipzig.

NR. 94 PENELOPE 1821
Abb.: Gallerie aus Schillers Gedichten. I. In 7 Darstellungen nach Ramberg. "Schillers Lied von der Glocke. 2.". Kupfer 2, 6. unnumeriertes Blatt (verkleinert auf 94,6%).
privat

NR. 95 PENELOPE 1831
Abb.: Titelstahlstich: "Johanne von Castilien" (verkleinert).
"[...] Schwebet unter Sterngeleite
Nun des Mondes Sichel heller,
Steigt sie zu dem kleinen Söller,
Blickt mit sehnenden Gedanken
Hin nach Osten in die Weite,
Ruft: 'Du hast uns oft belauscht,
Wenn wir Herz um Herz getauscht!'" [...]
(aus dem Text, S. V.).
BOSS Pene 1811/21

NR. 96 PENELOPE 1817
Aufgeschlagen: Kupfer zur Erzählung "Griselda oder Frauentreue. Eine Novelle von Fr. Petrarcha dem Boccaccio nacherzählt. Aus dem Lateinischen von A. Wendt", S. 151-181. 13. unnumeriertes Blatt.
SBB 30 1138/6

Schillers Lied von der Glocke. 2.

JOHANNE von CASTILIEN.

NR. 97 TASCHENBUCH FÜR DAMEN 1808
Abb.: Kupfer: Szenen aus der Kinder- und Jugendwelt.
"I. Der erste Schritt".
privat

NR. 98 PENELOPE 1821
Abb.: Gallerie aus Schillers Gedichten. I. "Die Glocke in 7 Darstellungen nach Ramberg. 3. Die Mutter". 8. unnumeriertes Blatt (verkleinert auf 94,6%).
SBB 30 1138/10

NR. 99 CORNELIA 1839
Aufgeschlagen: "Die verwitwete Mutter".
LBC Alm 272

NR. 100 IRIS 1847
Abb.: "Die Zigeunermutter", S. 330 (verkleinert auf 89,4%). Der Kupfer verbindet die Exotik der Zigeunerin mit der Darstellung der mütterlichen Tugend im Gedicht (S. 331-332).
BPB Ze 4 I 02

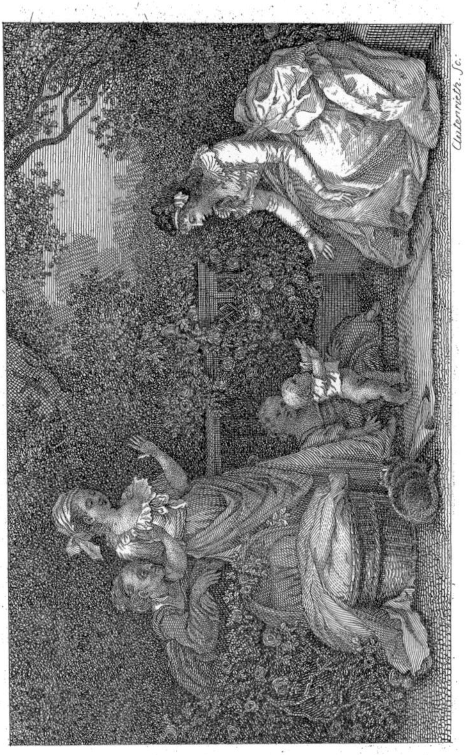

Schillers Lied von der Glocke. 3.

Die Zigeunermutter.

NR. 101 PENELOPE 1838
Abb.: Aus dem Zyklus "Volksszenen" 4. "Eine Araba mit türkischen Frauen" (verkleinert auf 95,9%). Erläuterung zum Wort Araba: "Wagen, dessen sich die Türken zu ihren kleinen Ausflügen in die schönen Partieen am Bosphorus bedienen" (S. XV). Das dreistrophige Gedicht hierzu von Theodor Hell beschreibt einen Sonntagsausflug vor der Kulisse der Stadt Istanbul: "selbst der Harem hat geöffnet". Die Frauen werden in landesüblicher Tracht, Pfeife rauchend, verschleiert und mildtätig dargestellt.
BPB Ze 4 P 02

NR. 102 TASCHENBUCH ZUM GESELLIGEN VERGNÜGEN 1816
Abb.: Kupfer Nr. 2 zu Louise Brachmann: "Die Künstlerin. Erzählung", S. 1-35. Die Ich-Erzählerin beschreibt das außergewöhnlichen Schicksal einer Frau, Mutter von drei Kindern, deren Mann im Krieg seinen rechten Arm verlor und die nun malt, um ihre Familie zu ernähren. "Nur von Zeit zu Zeit bringen wir einige Monate in Paris zu, ein Aufenthalt, den mein Studium der Kunst nötig macht" (S. 28). Am glücklichsten ist sie aber mit ihren Kindern, "das heiligste Kleinod meines Lebens." (ebd.).
privat

EINE ARABA MIT TÜRKISCHEN FRAUEN.

Die Künstlerin, v. L. Brachmann

1.

nach H. Ramberg in Stahl gest. v. G. Döbler

2.

nach H. Ramberg in Stahl gest. v. G. Döbler

3.

nach H.Ramberg in Stahl gest.v.G Döbler Prag.

№ 6

Ramberg. del. E. Schuler

Nr. 103 Taschenbuch auf das Jahr 1832

"Der Sängerin Tonleiter in acht Bildern" von Theodor Hell:

1. Das Engagement

Das Bauernmädchen Eva wird durch Zufall "entdeckt": ein durchreisendes Künstlerehepaar bewundert die natürliche Stimmgewalt des Landkinds:

"Evchen hört mit Lust die Rede:
Eitelkeit wohnt auch in Hütten! [...]
Und zu neuem Ziel des Lebens
Eilt vom Busen der Natur
Eva zu der Künste Spur."

2. Der Unterricht

Das Künstlerehepaar bereitet, tatkräftig unterstützt von Musikern, die Elevin auf ihr Debüt vor. Tagelang wird geübt, der Ehemann flirtet dabei mit Evchen, während die Ehefrau das Klavier traktiert und darüber ihre Kinder vergißt:

"Man nimmt sich nicht zum Essen Zeit,
in kurzen Pausen nur man labend
Ein Täßchen Chokolade beut.
Die armen Würmer zwar da unten,
sie schrey'n vor Hunger und vor Frost..."

3. Das erste Auftreten

...ist ein voller Erfolg!

"Die jung und alten Dilettanten,
sie wußten nicht wo aus noch ein,
Und alle Männerherzen brannten
Ihr ihre Huldigung zu weih'n."

4. Der Tempel des Glücks

Die gefeierte Sängerin wird von Männern umschwärmt, die ihr wertvolle Präsente zu Füßen legen.

5. Die Krankheit

Die Stimme versagt! Trotz reichlichem Honorar können die Ärzte nicht helfen. Das Künstlerehepaar registriert den sinkenden Ruhm und bringt die Sängergage "auf die Seite".

6\. Concert im Krähwinkel
"Aufgelöset die Kontrakte
Da der Stimme Reiz verklungen!"
Verstoßen von ihren ehemaligen Förderern, versucht Eva ihr Glück in der Provinz. Doch - sie wird ausgepfiffen.

7\. Der öffentliche Garten
Eva beobachtet einen Zitherspieler und singt nun auch in einem öffentlichen Garten. Die Spaziergänger verstehen das falsch:
"Doch freche junge Männer eilen
Herbei schon aus dem Seitengang.
Umringen sie mit keckem Ton
als kennten sie wohl längst sie schon."

8\. Die Rückkehr
Da kehrt Evchen reumütig in ihr Dörfchen zurück - - zu ihren Schafen und zu Hans, ihrem treuen Jugendfreund.
Abb.: Stahlstiche zu 1., 2., 3. und 6. (nach Ramberg).
BPB Ze 4 T 04

NR. 104 PENELOPE 1822
Aufgeschlagen: Titelkupfer "Doris von Kanitz", S. 5ff.
BPB Ze 4 P 02

NR. 105 URANIA 1827
Abb.: Sechs Charakter-Bilder, gezeichnet von G. Opitz: "2. Bildung" (verkleinert auf 90,9%).
BPB Ze 4 U 01

XII

2. Bildung.

Das Cabinet einer gelehrten Dame. Daß Madame ein wahrer Phönix in allem gelehrten Wissen und schönen Fertigkeiten ist, zeigen die bunt durch einander geworfenen und gestellten schönen Sächelchen; ob es aber eben so bunt und verworren in dem zierlichen Köpfchen aussehe, können wir nicht wissen. Weit scheint zwar ihr Seherblick ohne Beihülfe nicht zu reichen, troß der Sibylle, mit der sie als Symbol ihr Studirzimmer ausgeschmückt hat. Sie ist im Begriff einem gelehrten Freunde ihr neuestes Werkchen vorzulesen, und hat im Nothfall die Belege ihres erstaunlichen Wissens zum Theil auf dem Schooße, zum Theil auf dem Divan neben sich liegen. Der Freund macht aber eine verzweifelt gelehrt gleichgültige Miene dazu, und scheint in der Linken die Dose, in der Rechten die Prise bereit zu halten, wenn ihn etwa die gewaltige Gelehrsamkeit verschnupfen sollte. Dagegen scheint der gemüthliche Nachbar zur Linken ganz dem Anschauen des neuesten Kunstproductes unserer zweiten Angelika hingegeben, und in scheinbarer Kennerschaft sein: Schön! Brav! Superbe! hinzulispeln: eine Kennerschaft, die ein zweiter Kunstrichter mit deutlichern Fingerzeigen zu leiten scheint.

Bildung

Nr. 106 Journal des Luxus und der Moden 1819
Aufgeschlagen: Frau mit Buch (Modekupfer, Tafel 14b, Anhang).
SBB Eph.misc. o. 46 34,1 1819

Nr. 107 Journal des Luxus und der Moden 1803
Um die Wende des Jahres 1829/30 gab Caroline de la Motte Fouqué in *Cottas Morgenblatt für gebildete Stände* anonym die "Geschichte der Moden 1785-1829" heraus. Ihre Kommentare, die politische und geistesgeschichtliche Aspekte nur andeuten, stützen sich dabei auf die Modekupfer des *Journals des Luxus und der Moden*, das Justin Bertuch in Weimar herausgab.
Abb.: Kupfer Tafel 20: "Eine junge Italiänerin im Creppkleid mit Puffen und Atlasrosen garnirt" (verkleinert). Caroline de la Motte Fouqués Text hierzu lautet: "Die größte Einfachheit blieb eine Weile unzertrennlich von dem gewonnenen Begriff der Harmonie. Diese durfte nicht unterbrochen werden, wollte man den Vorbildern der Antike einigermaßen ähnlich bleiben. Und das wollten die Coryphäen der neuersten Mode in diesem Augenblick. [...] So sah man die gefeiertsten Heldinnen des Tages in weißem, oder doch einfarbigem, ganz ungarnirtem Kleide, mit goldenem Gürtel und einen Pfeil von gleichem Metall durch das aufgewundene Haar gesteckt, auf Bällen den Preis des guten Geschmakkes davon tragen. Höchstens ward der Putz noch durch einen Blätterkranz erhöht, der dem Oval des Kopfes weiter keinen Eintrag that." (Zit. nach Caroline de la Motte Fouqué: Geschichte der Mode 1785-1829. Hanau 1988, S.47f.).
Stadtarchiv Schweinfurt

T 20.

1803

Nr. 108 Journal des Luxus und der Moden 1806
Abb.: "Neuer geschmackvoller Polsterstuhl, Fauteuil und Arbeitstisch einer Dame"; Tafel 21 (verkleinert). Stadtarchiv Schweinfurt

T. 21.

VI. "Ich soll dieses Jahr etwas für das Frauentaschenbuch schreiben" [1]
E.T.A. Hoffmanns Almanacherzählungen

1. Auftragsarbeit

Die schönsten deutschen Erzählungen des 19. Jahrhunderts sind ursprünglich für Periodika verfaßt worden. Auch zahlreiche Geschichten Hoffmanns entstanden als Auftragsarbeiten für Taschenbücher, Zeitungen, Anthologien;[2] neun davon veröffentlichte er in bekannten Frauenkalendern.[3]
Nicht immer erhielt der Auftraggeber exakt das Angekündigte - Hoffmann jonglierte mit seinen Almanacherzählungen, die zwischen 1816 und 1824 (also noch zwei Jahre nach seinem Tod) erschienen und ihm ein üppiges Honorar eintrugen.[4] "Er ist unter den neuern Dichtern der originellste und genialste, und da er immer Geld braucht, so zweifle ich nicht, daß er [...] mir zu Ostern eine Erzählung für das Taschenbuch auf 1819 schicken wird."[5] Stephan Schütze, Herausgeber des *Taschenbuchs der Liebe und Freundschaft gewidmet*, bemühte sich schon seit November 1816, den Komponisten der erfolgreichen Oper *Undine* und den Protegé Jean Pauls als Autor für seinen Almanach zu gewinnen. 1816 erschien ein Beitrag Hoffmanns mit dem Titel "Die Fermate" im *Frauentaschenbuch* seines Freundes Friedrich de la Motte-Fouqué, der mit dem Zusatz warb: "Erzählung von Hoffmann, Verf. der Phantasiestücke in Callots Manier".[6] Ursprünglich jedoch war diese Novelle für den Verleger Friedrich Arnold Brockhaus bestimmt gewesen, dem Hoffmann sie angepriesen hatte: "Es ist mir eine kleine humoristische Erzählung aufgegangen, die in das Gebiet der Musik herüberspielt und mir nach der

bekannten Tendenz der Urania ganz für dies zunächst für Frauen bestimmte Taschenbuch geeignet zu seyn scheint."[7] Für 1817 war Hoffmann nun bei Brockhaus im Wort, dem er schon im Januar 1815 versichert hatte: "Der Vorschlag an dem geschäzten Taschenbuch Urania mitzuarbeiten ist mir ein schmeichelhafter Beweis des günstigen Vorurtheils welches E.HochVerehrte Redaktion für meine schriftstellerische Arbeiten hegt [...]"[8] Die abgelieferte Erzählung "Der Artushof" versah Brockhaus ebenfalls mit dem Zusatz "vom Verfasser der Phantasiestücke in Callot's Manier". Wieder hatte Stephan Schütze das Nachsehen.[9] Auch Freund Fouqué drängte und mahnte das Manuskript einer Musikerzählung an, die Hoffmann ursprünglich für das *Frauentaschenbuch* von 1817 versprochen hatte.

Nun erreichte diese Erzählung, "Rath Krespel", die Redaktion des *Frauentaschenbuchs* erst am 22. September, also nach Redaktionsschluß (der in der Regel Ende August war, da die Taschenbücher rechtzeitig zur Herbstmesse vorliegen mußten) und konnte erst in die Ausgabe für das Jahr 1818 aufgenommen werden. Mißgeschicke dieser Art kamen häufig vor. In Cottas *Taschenbuch für Damen* auf das Jahr 1803 hatte Jean Paul in einem Brief ausführlich begründet, warum er keinen Beitrag zu liefern imstande sei. Diese Idee griff Hoffmann nun auf. Er schrieb kurz entschlossen einen Brief "an den Herrn Baron de la Motte Fouqué"[10], zitierte darin seine eigene zwei Jahre zuvor erschienene Erzählung "Die Fermate", lamentierte ausführlich darüber, daß er nicht "anmuthig, geistreich, fantastisch [...] witzig, empfindsam, humoristisch [...]"[11] sein könne, sein Beitrag daher "als schnöder Lückenbüßer nur unnützer Weise einige Blätter füllen"[12] werde, um dann eine seiner

bedeutendsten Erzählungen kurzerhand als "Postscriptum" anzufügen. Die Geschichte des sonderbaren, geigenzerlegenden Juristen Krespel, dessen Tochter stirbt, weil sie trotz ärztlichen Verbots singt, endet mit den Worten: "[...] sie war aber todt." Nun fügte der Briefschreiber ein weiteres "Postscripti Postscriptum" an: "Glauben Sie, werthgeschätzter Baron! daß sich aus dem Inhalt vorstehender etwas langen Postscripti, eine Art Erzählung für das *Frauentaschenbuch* anfertigen ließe, oder meinen Sie vielleicht gar, es sei schon zu drucken möglich in der jetzigen Gestalt? Schreiben Sie mir dies gütigst. Nochmals Ihr treu ergebenster E.T.A. Hoffmann."[13]
Endlich im Jahr 1819 kam Schütze zum Zug. Im *Taschenbuch der Liebe und Freundschaft gewidmet* erschien "Doge und Dogaresse". Auch der Verleger Brockhaus konnte eine Erzählung Hoffmanns in der *Urania* abdrucken. "Der Kampf der Sänger. Einer alten Chronik nacherzählt" fand im gleichen Jahrgang Platz wie Julie Freifrau von Bechtoldsheims Lobeshymne auf die Weimarer Meistersänger Goethe, Schiller und Wieland. Ein Jahr später, 1820, lieferte Hoffmann - ebenfalls für die *Urania* - den Beitrag "Spieler-Glück". In der Erzählung schildert ein französischer Glücksspieler seine tragische Lebensgeschichte, um so einen jungen Baron, der den Karten verfiel, in letzter Minute von "der Leidenschaft des Wagspiels abzuschrecken".[14] Die Erzählung "verfolgt mit Geist den moralischen Zweck"[15] und entsprach damit nicht nur exakt dem Programm des Frauenkalenders. Sie bezog sich außerdem auf das Thema "Glück", zu dem der Verlag ein Preisausschreiben veranstaltet hatte.[16] Brockhaus rief regelmäßig zur Einsendung von Beiträgen auf und lockte dabei mit hohen Honoraren. 1822 kündigte er

an, 4-5 gedruckte Bogen à 4 Friedrichsd'or zu zahlen. Vor allem junge Autoren sollten ermutigt werden.

In den ersten beiden Jahrzehnten nach 1800 hatte sich das Interesse der Leserschaft mehr und mehr der Prosa zugewandt. Almanache und Jahrbücher mußten mit Anthologien und vor allem mit Zeitungen und Zeitschriften konkurrieren, die ihre Leser ebenfalls mit Novellen, Anekdoten und Chronikgeschichten unterhielten. Händeringend suchten die Herausgeber der Almanache gute und spannende Erzählungen. Denn nach wie vor blieb die Taschenbuchproduktion für die Verleger interessant, bot sich doch über die Taschenkalender die Möglichkeit, auf andere Verlagsprodukte hinzuweisen. Der Wettbewerb auf dem immer unübersichtlicher werdenden Buchmarkt war hart, und nur die Großverleger wie Brockhaus oder Cotta konnten es sich leisten, ihre Hausautoren als Beiträger für die Damenkalender "zwangszuverpflichten", um so die Bogen zu füllen. Auch der Verleger des erwähnten *Frauentaschenbuchs*, Johann Leonhard Schrag in Nürnberg, sorgte sich um Mitarbeiter. Seinen Herausgeber Fouqué wies er deshalb am 9.5.1820 an: "Haben Sie die Güte, Hrn. Hoffmann nochmals um einen Beitrag anzugehen [...]"[17], bevor er selbst die Initiative ergriff. In einem Brief an Fouqué informierte er diesen, daß er persönlich, "in einer besonderen Zuschrift", Hoffmann "höheres Honorar angebothen" habe.[18]

Dessen literarische Arbeiten kollidierten mehr und mehr mit seinen vielfältigen anderen Verpflichtungen. "Nur Dienstgeschäffte, ganz unerwartet häufige wichtige Dienstgeschäffte haben es mir bis jzt in der That ganz unmöglich gemacht mein Versprechen zu erfüllen. In diesem Augenblick werfe ich aber alles bey Seite und beginne die Erzählung für Ihr Taschenbuch die in wenigen Tagen beendet seyn und abgesendet werden dürfte."[19] So versuchte Hoffmann den Verleger Engelmann, der ebenfalls mehrfach bei ihm anfragte, zu beruhigen. Doch schien dessen Honorarangebot nicht verlockend gewesen zu sein. Vergeblich sucht man einen Text Hoffmanns in der *Cornelia*! Auch Winkler, Herausgeber des *Frauentaschenbuchs Penelope*, entschloß sich wohl, nachdem er Hoffmanns Honorarforderung kannte, "4 Frdor p Bogen was mir nach Auslieferung des Manuskripts bezahlt wird"[20], auf einen Beitrag von ihm zu verzichten. Oft halfen aber selbst Vorschüsse nichts. "Der Kammergerichtsrath Hoffmann hat nicht so pünktlich Wort gehalten, als er versprach. Ich sollte seine Erzählung noch in Dresden bekommen, erhielt sie aber nicht [...] ich erfuhr, daß er schon seit 5 oder 6 Wochen verreist ist, im Anfang des Septembers indeß zurückerwartet wird, so daß ich nun doch seine Erzählung bald zu erhalten hoffe,"[21] klagte Stephan Schütze seinen Verlegern, den Gebrüdern Wilmans, die keine ungetrübte Freude an ihrem "Starautor" hatten. Die so dringlich eingeforderte Novelle erschien dann doch 1820 bei Schütze im *Taschenbuch der Liebe und Freundschaft* unter dem Titel "Das Fräulein von Scuderi" und erregte allgemeines Aufsehen. Madeleine de Scudéry zählte noch im frühen 19. Jahrhundert zu den berühmtesten Schriftstellerinnen, über die z.B. *Das Pantheon berühmter und merkwürdiger Frauen* schrieb: "Sie wurde sehr frühzeitig Schriftstellerin, und machte sich durch ihre Romane [...] bald bekannt. Alles trug dazu bei, daß in Paris viel von ihr gesprochen wurde. Ihr Schriftsteller-Talent, ihr munterer Geist, die Lebhaftigkeit ihrer Unterhaltung [...]"[22] brachten ihr einen ersten Preis in der Beredsamkeit, ein Jahresgehalt von Königin

Christina von Schweden sowie eine Pension von Ludwig XIV. ein. Und noch ihrem Chronisten Hoffmann bescherte die Beschäftigung mit ihr nicht nur ein stattliches Honorar, sondern zusätzlich eine Kiste mit 50 Flaschen Rüdesheimer Wein nebst regelmäßigen Anfragen der Gebrüder Wilmans, die ihn plagten, weitere Projekte in ihrem Verlag zu veröffentlichen. "Ja - wenn nur an Hoffmann nicht so viel gelegen wäre! Eine gute Erzählung von ihm übertrifft [...] alles, was nur in der Art in allen Taschenbüchern zu lesen ist. Mit einem solchen Autor muß man schon Geduld haben."[23] Parallel zu den Almanachbeiträgen arbeitete Hoffmann bekanntlich an mehreren Projekten, so an der Veröffentlichung der *Serapions-Brüder*, an Beiträgen für die *Musikalische Zeitung*, an der *Prinzessin Brambilla*, an einer Übersetzung der Oper *Olimpia*, an den *Lebensansichten des Katers Murr*. Gleichzeitig hatte er die Erzählung "Datura fastuosa" Schütze bereits für das Wilmansche Taschenbuch 1821 versprochen. "Der Stiefelwichser hätte aus reiner Faulheit mehrere Briefe unterschlagen", informierte Hoffmann den genervten Herausgeber.[24] Er wurde trotz Zusagen nicht rechtzeitig fertig. Schließlich, als Hoffmann zwar zur Kur fuhr, dabei aber die Erzählung vergaß, schlug Schütze der Geschäftsleitung als Ersatz sechs Gedichte von Louise Brachmann vor.[25] Wie alle Redakteure von Frauenkalendern verfügte auch Schütze über "Reservetexte" - wie so oft stammten sie von einer Frau.

Erschwerend kam für die Almanachproduktion hinzu, daß die Terminabsprachen mit den Kupferstechern koordiniert werden mußten. Hoffmann, der Themen, Motive und die Ausarbeitung sehr sorgfältig überlegte, informierte Schütze über seinen Entschluß, sich um die Illustration zu "Datura fastuosa" selbst zu kümmern: "Sehr lieb würde es mir aber seyn [...] die Zeichnung zu dem Kupfer durch meinen Freund, den Maler Kolbe besorgen zu lassen. Es ist ein großer Gewinn für die Sache wenn Dichter und Zeichner sich besprechen und einander recht in die Hand arbeiten können."[26] Doch über "Datura fastuosa", der "fatalen Stechapfelgeschichte", waltete ein besonderer Unglücksstern: Kolbe konnte "wegen Krankheit und eines auszumahlenden Concertsaals" das Bild nicht liefern.[27] Hoffmann, der selbst an einer Krankheit laborierte, wollte sich aber gar nicht für den populären Kupferstecher Johann Heinrich Ramberg erwärmen. Ramberg arbeitete in "fabrickmäßige(r) Manier"[28] für die verschiedensten Kalenderverleger und sprang oft in letzter Minute ein, wenn Ersatzbeiträge illustriert werden mußten. Seine zeichnerischen Kommentare, häufig nach Bildvorlagen, wurden stets von den Rezensenten der Almanache besonderer Würdigung unterzogen. Daß er beim "Fräulein von Scuderi" allerdings ausgerechnet die Mordszene für eine "reißerische" Darstellung auswählte und so "der Phantasie gar nichts bleibt!", verärgerte noch nachträglich den Herausgeber Schütze.[29] Schließlich war es dann aber doch Ramberg, der ein Kupfer zu "Datura fastuosa" beisteuerte.[30] Die Auslieferung des Kalenders erlebte Hoffmann nicht mehr. Er starb am 25.6.1822. Seine letzte Almanacherzählung, "Der Feind", ein "Fragment; da er fast im Diktieren dieser Novelle gestorben [...]"[31], bot Freund Hitzig dem Verleger Schrag für das *Frauentaschenbuch* an: "eine herrliche Erzählung [...] zum größten Theile vollendet [...] deren Schauplatz er nach Nürnberg verlegt weil er sie für das *Frauentaschenbuch* bestimmt hatte, in dessen Format das Manuskript 3 Bogen geben dürfte."[32] Friedrich Rückert, der dort die Geschäfte von Friedrich de la Motte-Fouqué übernommen hatte, ließ die Erzählung posthum im Kalender 1824 abdrucken.

2. Die Besonderheiten des Mediums "Almanach"

Hoffmann, "wegen dessen Tod die Taschenbücher Trauer anlegen sollten" (wie der Rezensent D. Schulze in der Jenaischen *Allgemeinen Literatur-Zeitung* bemerkte[33]), wußte bei seinen Auftragsarbeiten nicht nur Bogenumfang und -honorar genauestens zu berechnen, sondern auch ikonographische und thematische Besonderheiten der verschiedenen Almanache zu berücksichtigen.[34] Von den Beiträgern der Kalender erwartete man zudem "Aktualität", doch durfte es sich dabei nicht um brisante politische oder soziale Themen handeln. Auch Satiren und philosophische Spitzfindigkeiten mußten ausgeklammert bleiben. Die Verleger der Frauentaschenbücher wollten ihre Leserinnen anspruchsvoll unterhalten - und das Jahr für Jahr. Die ersten Taschenkalender aus der neuen Herbstproduktion sollten vorliegen, wenn die Damen aus dem jährlichen Badeurlaub zurückkamen. Da mußte eine Einleitung wie die folgende doch neugierig machen! "Mehr als jemals war im Sommer 18.. Pyrmont besucht. Von Tage zu Tage mehrte sich der Zufluß vornehmer reicher Fremden und machte den Wetteifer der Speculanten jeder Art rege ..."[35] Hoffmanns Erzählung "Spieler-Glück" variiert den Zufall am Spieltisch in mehreren ineinandergeschachtelten Erzählungen und bot den Leserinnen Stoff zum Austausch eigener Spieltischerfahrungen. Denn, so hatte ein Rezensent der *Zeitung für die elegante Welt* schon 1802 festgestellt, bei den Kurgästen standen "die Coeur- und Carreau-Damen" hoch im Kurs.[36] So mancher adelige und großbürgerliche Familienvater hatte an der Farobank die Mitgift der Ehefrau oder das Heiratsgut der Töchter verschleudert. Ohne die Möglichkeit, Schulden durch eine berufliche Tätigkeit abzahlen zu können, waren die davon betroffenen Frauen gezwungen, "heimlich zu sparen", um so nach außen hin den Schein von Wohlhabenheit wahren zu können, wie man in vielen Frauenromanen und Erziehungsschriften der Goethezeit nachlesen kann. So manche Leserin konnte die Lektüre der spannenden und sehr beziehungsreichen Erzählung durch eigene Erlebnisse mit dem wechselhaften Glück im Spiel ergänzen.

Das zu erreichen war für die Autoren der Taschenbücher nicht leicht, blieb der Erfahrungsbereich der Frauen doch begrenzt. Als Stoffreservoir blieb den Schriftstellern neben den beliebten "Familien- und Liebesgeschichten", den historischen Novellen und den deutschtümelnden Sagen- und Märchenstoffen vor allem der Bereich der Kunst. Gerade jene Frauen aus dem gehobenen Bürgertum und Adel, die sich selbst in der Malerei und im Gesang übten, lasen auch die Belletristik des frühen 19. Jahrhunderts. Sie interessierten sich für Fragen der Kunst, nahmen Anteil an Künstlerschicksalen und begeisterten sich für Künstlernovellen.[37]

Schon Hoffmanns erste Taschenbucherzählung, "Die Fermate", beantwortet auch solche Interessen. Der Titel verweist auf musikalische Termini. Die Geschichte rankt sich um das Gemälde "Gesellschaft in einer italienischen Locanda", das auf der "Berliner Kunstausstellung im Herbst 1814 ... Aug' und Gemüth gar vieler erlustigend,"[38] von Hoffmann am Anfang der Erzählung beschrieben wird. Es ist eine italienische Reminiszenz des Malers Johann Erdmann Hummel (1769-1852), der seit 1809 als Akademieprofessor in Berlin vor allem durch seine öffentlichen Vorlesungen als "Perspektiv-Hummel" bekannt wurde. Unter seiner Anleitung zeichneten viele Prominente, unter anderem auch Clemens Brentano und die Kurprinzessin Auguste von Hessen.[39] Hummel stellte regelmäßig bei den Berliner Kunstausstellungen aus, galt diese Veranstaltung doch als eines der wichtigsten Kulturereignisse der Stadt.[40] Die Eingangspassage der "Fermate" setzt die Leserin "ins Bild". Ohne daß das Gemälde mitabgedruckt ist, liefert ihr die humorvolle, anspruchslose Geschichte einen Gesprächsstoff für die nächste Abendgesellschaft.

Der Protagonist Theodor, Komponist von Beruf, der als verliebter kunstbegeisterter Jüngling zwei italienische Sängerinnen, Lauretta und Teresina, auf ihren Konzertreisen begleitete, trifft diese nach Jahren in Rom wieder. Das Wiedersehen gestaltet sich hochdramatisch: gerade ist eine der beiden Sängerinnen in einer "bunten, krausen Fermate" begriffen, von ihrer Schwester auf der Gitarre begleitet, als der dirigierende Impressario, ein Abbate, zu früh das Schlußzeichen gibt, damit den Schlußtriller abrupt beendet und vor den Flüchen und Verwünschungen der erbosten Frauen und dem schadenfrohen Gelächter des Gastwirts flieht. Ausgerechnet diesen verhängnisvollen Augenblick findet Theodor als Thema eines Gemäldes bei der Berliner Kunstausstellung. Mit dieser Einführung zahlte Hoffmann seinen Tribut an die Erwartungen des weiblichen Almanachpublikums, das gewöhnlich die Schlüsselszenen der umfangreicheren Erzählungen in ganzseitigen Kupfern vorgestellt bekam. Eine möglichst wirkungsvolle Darstellungsweise, die im Stil einer Bühnendekoration wichtige Informationen zu Schauplatz, Zeit, Hauptpersonen, Thematik vermittelte, wurde in der Regel noch durch einen Begleittext erläutert, an den sich moralische Belehrungen knüpften. Mit dem Rahmengespräch hat Hoffmann eine literarische Darstellungsform gefunden, die die Aufgabe der Illustration übernehmen kann: Indem die Szene des besprochenen Gemäldes "Gesellschaft in einer Locanda" detailliert und kenntnisreich erläutert wird, kann so auf eine Abbildung verzichtet werden. Der erwartete Genuß eines bildkünstlerischen Werkes stellt sich dennoch ein: in der literarischen Vermittlung.

Doch das Bild, das den Erzähler Theodor auf der Berliner Kunstausstellung so seltsam berührt, ist nicht bloß schmückendes Beiwerk oder Kommentar. Vielmehr erkennt dieser darin "die exakte Darstellung einer Szene aus seinem eigenen Leben wieder."[41] Wie Hummel, quasi in einem tableau vivant, die Sängerin, den dirigierenden Abbate und die Gitarrenspielerin förmlich in der Bewegung erstarren läßt, so konzentriert auch Hoffmann Vergangenheit und Gegenwart des Erzählers in der traumähnlichen Sequenz des Gemäldes. Daß er gerade damit die Wirklichkeit, die zunächst durch die Beschreibung des Bildes so selbstverständlich schien, als Erinnerung einer erfundenen Figur beschreibt, zeigt, wie geschickt Hoffmann die Möglichkeit des Mediums Almanach, Bild und Text wechselweise aufeinander zu beziehen, poetisch zu nutzen wußte. "Es ist ein eignes Geheimnis, daß in dem Gemüth des Künstlers oft ein Bild aufgeht, dessen Gestalten [...] eben in dem Gemüthe des Künstlers erst sich zum Leben zu formen [...] scheinen. Und plötzlich verknüpft sich das Bild mit der Vergangenheit oder auch wohl mit der

Zukunft und stellt nur dar, was wirklich geschah oder geschehen wird."[42] So wird später der Fremde in der Erzählung "Doge und Dogaresse" den künstlerischen Schaffensprozeß kommentieren.

Auch in der Erzählung "Der Artushof" spielt ein Bild eine zentrale Rolle. Der Erzähler führt den Leser keineswegs, wie der Titel suggeriert, in die Welt der Ritter und Recken, vielmehr bleibt er in der unmittelbaren Gegenwart - in der alten Börse, dem Artushof, in Danzig. Die "alte merkwürdige Handelsstadt" war erst 1793 an Brandenburg gefallen und unterhielt einen intensiven kulturellen Austausch mit der preußischen Metropole. Für sie interessierte sich vor allem das Berliner Publikum. Nicht in den Mittagsstunden indes, wenn "der Handel den mit Menschen der verschiedensten Nationen gefüllten Saal auf und ab" wogt, solle der Leser den Artushof besuchen, sondern am Abend, wenn ein "magisches Halbdunkel" den "schmalen Streif, der beinahe rings um den Saal geht", verführerisch hervortreten läßt.[43] Die Danziger Börse ist der Arbeitsplatz des Kaufmannslehrlings Traugott, der mit dem Entschluß ringt, seinen bürgerlichen Beruf und seine Verlobte Christina, Tochter seines Prinzipals, aufzugeben, um Maler zu werden. So notiert denn Traugott auch keine Aktienkurse, sondern zeichnet lieber den wunderschönen Pagen aus dem Gemälde im Artushof. Als Traugott nun in der Gestalt der schönen Felizitas seinem Traumbild zu begegnen scheint, folgt er ihm bis nach Italien. Doch das "Sorrent", wohin er Felizitas nachreist, liegt, so erfährt er am Schluß, gleich hinter Danzig. Das engelhafte Wesen, dem Traugotts "Irrfahrt" galt, ist - so erkennt er am Ende seines Bildungsweges - die Allegorie eines inneren Bildes. Ohne die Figur aus dem Deckenfries wäre Traugott nicht nach Rom gelangt, wo ihn "die deutschen Künstler [...] in den Kreis ihrer Studien" aufnehmen und er sich endgültig für die Malerei entscheidet.[44]

Auch in einer weiteren in Italien angesiedelten Erzählung, "Doge und Dogaresse", weist der Titel auf ein Gemälde, "das der wackre tüchtige C. Kolbe, Mitglied der Akademie," für die Berliner Kunstausstellung 1816 gemalt hatte. In einer Rahmenhandlung läßt Hoffmann zwei kunstbegeisterte Freunde Vermutungen über die Geschichte der dargestellten Personen anstellen: "Ein Doge in reichen prächtigen Kleidern [...] ein Greis mit grauem Bart" an seiner Seite die junge Dogaresse "sehnsüchtige Trauer, träumerisches Verlangen im Blick".[45] Sie tauschen Assoziationen zu Kunst, Mythologie und Musik aus - bis ein "Fremder" hinzutritt und zu erzählen beginnt. Ganz allmählich haucht er dem Bild Leben ein, die Silhouette der Stadt belebt sich erst im Erzählen zur Kulisse: "im Hintergrunde [...] die Thürme und Paläste des prächtigen Venedig, das aus den Fluthen emporsteigt. Links unterscheidet man San Marco, rechts, mehr im Vorgrunde, San Giorgio Maggiore [...]"[46] Am Schluß der Erzählung stellt sich für den Leser heraus, daß das Gemälde den Augenblick vor der Katastrophe festhält - der Doge wird Opfer einer Verschwörung, die Dogaresse kommt in den Wellen zusammen mit ihrem Geliebten ums Leben.

Das italienische Ambiente, dem Hoffmann schon in der "Fermate" und im "Rath Krespel" einige Bogen reservierte, wollte detailliert und vor allem exakt beschrieben sein!

Reiseberichte und Städtebeschreibungen hatten Hochkonjunktur. Spezielle Kalender informierten über lohnende Ziele, gaben genauestens Auskunft über

Fahrtkosten, Führer und Unterkunftmöglichkeiten. Zahlreiche Frauen aus dem Adel und dem Großbürgertum hatten bereits Italien, das Arkadien Goethes, das Hoffmann selbst nie besuchte, mit eigenen Augen gesehen. Deshalb war die Quellenarbeit für "Doge und Dogaresse" besonders umfangreich. Und daß sie sich lohnte, beweist nicht zuletzt die Rezension Therese Hubers, die prompt in *Cottas Morgenblatt* das Lokalkolorit der Erzählung lobte. Lothars Kommentar in den *Serapions-Brüdern* spricht von schweren Vorarbeiten zu "Doge und Dogaresse": "Ottmar [...] ließ es sich sauer werden, als er die Erzählung schrieb [...] das ganze Zimmer hatte er mit pittoresken Ansichten von Straßen und Plätzen von Venedig geschmückt."[47] Genauigkeit und Authentizität ist das Merkmal vieler Almanacherzählungen, die "dem wirklichen Leben nachgeschrieben", Naturkatastrophen, Verbrechen oder "unerhörte Begebenheiten" zum Inhalt hatten (und deshalb manchmal mit dem Zusatz "Novelle" versehen waren).

Dies gilt besonders für das "Fräulein von Scuderi", eine "Erzählung aus dem Zeitalter Ludwig des Vierzehnten".

"Der ganze Wust Taschenbücher ist, einige Erzählungen Hoffmanns ausgenommen, wirklich unlesbar [...] vorzüglich interessant und anziehend aber war mir Mademoiselle de Scuderi, größtentheils der wahren Begebenheit nachgebildet (!), die ich Dir empfehle, wenn Du sie noch nicht kennen solltest."[48] Die Mutter von Felix und Fanny Mendelssohn, Lea Mendelssohn-Bartholdy, verweist auf den so wichtigen Anstrich von Authentizität, dem die üppige "Garnierung" der Geschichte des wahnsinnigen Goldschmieds Cardillac mit Chronikberichten aus dem Zeitalter Ludwigs des

XIV. und mit den historisch verbürgten Figuren der Dichterin Madeleine de Scudéry und der Mätresse Madame de Maintenon Rechnung trägt. An exponierter Stelle im Almanach plaziert - als erste Geschichte unmittelbar im Anschluß an ein ländliches Epos des Herausgebers Schütze, das die zwölf Monatskupfer zum Gegenstand hat, trieb die exakte Schilderung der Pariser Verbrecherserien den Leserinnen angenehme Schauer über den Rücken. Eine ähnliche Mordserie, so der Rezensent in *Cottas Morgenblatt*, hätte sich vor "wenigen Jahren in London wiederholt". Und daß der Herr Kammergerichtsrath konkrete Details aus dem juristischen Alltag präsentierte, mochte auf das weibliche Publikum Eindruck machen. Man wußte in Berlin schließlich auch, daß er die bekannte Schriftstellerin Helmina von Chézy bei einer Gerichtssache vertreten hatte. Auch die Weimarer Damenwelt, an ihrer Spitze die Schwiegertochter Goethes, war von der Geschichte begeistert, worüber Charlotte von Schiller in einem Brief Ludwig von Knebel informiert: "Der sosehr gepriesene Hoffmann, den ich aber nicht so hoch stelle wie Frau von Goethe und ihre Freundinnen, hat eine Erzählung bearbeitet: "Der Goldschmied [...]".[49] Bezeichnenderweise nennt sie den mörderischen Cardillac, dessen Treiben durch die zahlreichen historischen Details erst so richtig schauerlich wirkt, als eigentlichen Helden. Daß die ehrwürdige Dame Madeleine de Scudéry, Vertreterin eines sehr fernen galanten Zeitalters, durch ein Gelegenheitsgedicht das Verhängnis heraufbeschwor und nur durch ihre moralische Autorität am Ende das Knäuel verwirrter Fäden entwirrt, erkläre, warum sie von Hoffmann zur Titelheldin der Taschenbucherzählung gekürt wurde - so lautet die germanistische Version. Viel wahrscheinlicher ist es wohl, daß dem Frauenalmanach eine weibliche Titelheldin, noch dazu eine Rokokodame, besser zu Gesicht stand, galt doch das gerade erst untergegangene Ancien régime als beliebte Kulisse.

Übertroffen wurde es an Bedeutung nur noch vom deutschen Mittelalter. Jahr für Jahr traktierte man die literarische Welt mit Erzählungen aus Deutschlands angeblicher Blütezeit - - nicht nur Hoffmann mochten die ritterlichen Idealbilder, die pathetischen Nationalhelden auf die Nerven gegangen sein. Sein "Kampf der Sänger", der den bekannten Stoff vom Sängerkrieg auf der Wartburg variiert, indem er ihn "einer alten Chronik nacherzählt", gibt den aufmerksamen Leserinnen jedenfalls zu verstehen, daß es sich bei diesem deutschen Mythos wohl um eine Fiktion handeln müsse. Wie anders ist sonst der umständliche Vorbericht zu deuten? Er erzählt von einem Leser, der in Johann Christoph Wagenseils Chronik schmökert, während draußen der Wind heult "und die Strahlen des Vollmonds an den Wänden spielten",[50] bis schließlich dieser alte gelehrte Professor Wagenseil selbst auftritt und den Sängerkrieg kommentiert.

Während die wunderschöne altdeutsche Kulisse in dieser Novelle noch hoffnungsvoll stimmt, "Möchte der erzählte Traum in dir, geliebter Leser, ähnliche Empfindungen erregen...",[51] kann dies für die Fragment gebliebene Geschichte aus Nürnberg mit dem Titel "Der Feind" nicht mehr so uneingeschränkt gelten. Im *Frauentaschenbuch*, das bei Johann Schrag in Nürnberg verlegt wurde, erstrahlte regelmäßig die alte Reichsstadt in Kupfern. Züchtige Jungfrauen und fleißige Matronen, in altdeutscher Tracht gezeichnet, verkörpern auf Schubern und Titelblättern deutsche Tugenden. So konnte man auch von Hoffmanns

Erzählung ähnliches erwarten. Doch schon die anfangs zum Besten gegebene Schwankerzählung erweckt beim aufmerksamen Leser Zweifel an der glänzenden Fassade Nürnberger Tradition. Ein Wirt berichtet von einer Fürther Bäuerin, deren Eier von der Bürgermeisterin und ihrer Hausmagd als angeblich zerbrochene zurückgewiesen wurden. Hoffmann, der seine Leserinnen ansonsten niemals mit weiblichen Details langweilt, führt sie dieses Mal in die Küche der Nürnberger Bürgermeisterin, wo es "denn so prächtig und blank aus(sieht), daß es eine wahre Augenverblendnis war; schöne, metallene Gefäße [...] der Fußboden [...] getäfelt und gebohnt [...]".[52] Die selbstzufriedene Patrizierin, die in ihrer Prunkküche lediglich repräsentiert und davon so fett geworden ist, daß die Sitzfläche ihres Lehnstuhls nicht weniger als "fünf Fuß in die Breite"[53] mißt, steht ihrem Hauswesen nicht mehr selbst vor. Sie ist abhängig von ihrer intriganten Haushälterin, die für die zerbrochenen Eier verantwortlich ist. Um ihr eigenes Vergehen zu tarnen - sie wollte ihrer Herrin damit einen Streich spielen - beschuldigt sie die fremde Bäuerin, eine Hexe zu sein. Die förmliche Verbannung durch den Bürgermeister, der sich von den beiden Frauen beeinflussen läßt, beantwortet die Fürtherin mit einem Fluch, der im folgenden die Nürnberger Bürgerinnen zwingt, einer besonderen Lust nachzugeben und sich immer in Eierkörbe zu setzen. Der Spuk einer mutwilligen Zerstörung aus nicht bezähmbarer Lust findet sein Ende weder durch einen Machtspruch des Magistrats noch durch Aussöhnung oder gar das Eingreifen der Kirche. Der "frommen Margaretha", die den Fluch überwindet, gelingt dies nur, weil sie eine Konkurrentin täuschen will. Mißgunst, Neid und Dummheit regieren also die

Metropole des deutschen Mittelalters, in der "Weibergroll stärker ist als alle Hexen-Kunst".[54] Mit diesem wenig freundlichen Kommentar beendet der Wirt seine Erzählung einer unerhörten Begebenheit. Hoffmanns Beiträge im Almanach zeichnen sich also dadurch aus, daß sie die Anforderungen des Mediums nach präziser Anschaulichkeit und der Vorliebe für bestimmte Themen und Motivkomplexe zwar ins Kalkül ziehen, sich durchaus aber von einer bloßen Befriedigung der Erwartungen spielerisch emanzipieren: sei es im literarischen Ersatz der Illustrationen durch die Rahmenerzählungen, sei es in der verhaltenen Kriktik am deutschtümelnden Ideal des Mittelalters. Sein Erfolg bei der Leserschaft läßt sich aus dieser Fähigkeit erklären, dem Medium zu genügen und gleichzeitig Neuerungen auszuprobieren.

3. Die Frauen in Hoffmanns Almanacherzählungen

Ein innovatives Moment sucht man in der Gestaltung von Hoffmanns Frauenfiguren allerdings vergeblich. Selbst jenes weibliche Personal, das in anderen seiner Erzählungen und Romane die Grenze zwischen der "bürgerlichen Welt" und dem Reich der Feen und Phantasten markiert, fehlt in den Beiträgen für Frauenalmanache. Das als Hexe ausgewiesene Fürther Eierweib existiert "nur" in der Schwankerzählung des Nürnberger Wirtes. Und selbst die alte Margareta aus der Novelle "Doge und Dogaresse", die zunächst als "Hexenweib" gefürchtet wird, ist am Ende die liebevolle alte Amme, deren Fürsorglichkeit die Kindheit von Antonio und Annunciata begleitete. Daß ihre Heilerfolge den Neid der Ärzte herausfordern, erzählt sie: "Ich stehe mit dem leidigen Satan im Bündnis, das sprengten sie aus [...] Bald wurde ich verhaftet und vor das geistliche Gericht gestellt."[55] Daß Kerkerhaft und Folter ihre Spuren in Form eines nervösen Leidens hinterlassen haben, erfährt die Leserin ebenfalls, doch Details der schrecklichen Hexenverfolgung erspart ihr Hoffmann, anders als beispielsweise in den Erzählungen der *Nachtstücke*. Die Welt des Wunderbaren gewinnt keine beängstigend große Macht, und der Boden der Wirklichkeit wird der Leserin nicht unter den Füßen weggezogen. Das Ende ist eindeutig und die Rollenzuordnung entspricht weitgehend den Erwartungen des bürgerlichen Publikums. Die Frau soll dem Mann eine liebevolle, treue Gattin sein und ihm in jeder Situation Verständnis entgegenbringen: "mein Krankenlager war langwierig [...] Da pflegte mich mein Weib, tröstete mich, hielt mich aufrecht, wenn ich erliegen wollte der Qual [...] Nur mein Weib vermochte den namenlosen Jammer, das Entsetzen zu bannen, das mich dann erfaßte," erinnert sich der Spieler Francesco Vertua.[56]

Dieses vorbildliche Verhalten, so Hoffmanns Zeitgenossen in ellenlangen Abhandlungen, konnten junge Mädchen nicht früh genug erlernen. "Mädchen [...] sollen im Hause erzogen werden. Ihre Bestimmung ist eine häusliche, ihr ganzes künftiges Leben hat eine fortdauernde Beziehung auf die Männer [...] Nur ein Mädchen, welches mit der Mutter für Vater und Bruder fortdauernd sich beschäftigt und gesorgt hat [...] wird eine gute, tüchtige, ordentliche und züchtige Hausfrau werden [...] die ihre Würde behauptet und ihre Abhängigkeit empfindet, und die endlich wieder Töchter bildet, die ihr gleichen."[57]

Auch in den Almanacherzählungen Hoffmanns stellen daher die bürgerlichen Töchter den Großteil des Personals. Wie Gretchen in "Datura fastuosa" haben sie stets die wahre Bestimmung der Frau, Hausfrau, Gattin und Mutter zu sein, vor Augen. Deren schlichte, aber ehrliche Liebe zu Eugenius und die Einfalt ihrer vierzehn Jahre siegen am Ende über die Verführungskünste der "Gräfin" und der mütterlichen "Professorengattin". "Halb ohnmächtig vor süßem Bangen, vor himmlischer Wonne, sank die Jungfrau dem Jüngling an die Brust."[58] Doch dieser typische Almanachschluß ist eher untypisch für Hoffmann. Als Traugott, der Held aus dem "Artushof", erfährt, daß die von ihm idealisierte Felizitas, das lebendig gewordene Gemälde aus der alten Börse, geheiratet habe, ist sein Kommentar knapp und bündig: "Was habe ich mit der Criminalräthin Matthesius zu schaffen!"[59] Das Traumbild erstarrt am Ende zum bloßen bürgerlichen Dekor. Traugott beschließt in Italien, die dort auf ihn wartende Dorina zu heiraten. Somit findet die Almanachleserin zwar das herbeigesehnte Happy-End, doch ist es ins ferne Italien verlegt. Und Antonio und Annunciata in "Doge und Dogaresse" finden ihr Liebesglück im gemeinsamen Tod und retten es damit vor einer Banalisierung. Bei Hoffmann schließen Liebe und Ehe einander aus. Doch das entsprach nicht unbedingt den Vorstellungen der Almanachverleger, die, was die Charakterisierung des Personals anbelangte, genaue Vorstellungen hatten, etwa, daß Ehebruch scharf geahndet wird. Im "Fräulein von Scuderi" überschattet die pränatale Prägung den künftigen Lebensweg Cardillacs. Die Mutter, die, bereits schwanger, bei einem Hoffest den Avancen eines früheren Verehrers - fasziniert von dessen prächtigem, juwelengeschmücktem Äußeren - nachgibt, wird furchtbar bestraft: Ihr Sohn, der spätere Goldschmied Cardillac, kann bereits als Kind seine Gier nach Gold und Juwelen nicht beherrschen. Daß Cardillac aber schon frühzeitig allein zurecht kommen muß, ist ebenfalls typisch für Hoffmann.

Auch seine jungen Heldinnen wachsen häufig ohne Mutter auf - damit der Willkür der Väter preisgegeben. Patriarchalische Fürsorge zeigt Hoffmann etwa in "Doge und Dogaresse" als Wuchern mit einem wertvollen Besitz. Annunziatas Onkel, der das neunzehnjährige Mädchen an den Dogen verschacherte, zieht es in die politische Auseinandersetzung hinein, bei der auch Annunziata - zwar mit ihrem geliebten Antonio vereint - den Tod findet. Schönheit und Jugend der Tochter werden politischen und ökonomischen Interessen geopfert. Die merkwürdige Symbiose Vater-Tochter ist auch im "Rath Krespel" nur scheinbar idyllisch: "soviel ist gewiß, daß er das arme Mädchen auf die gehässigste Weise tyrannisirt. Er bewacht sie wie der Doktor Bartolo im Barbier von Sevilien seine Mündel."[60] Die Töchter werden den Interessen der Väter geopfert. Und die "in voller Himmelsschönheit strahlende",[61] ebenfalls mutterlose Angela, die in der Erzählung "Spieler-Glück" als Spieleinsatz zwischen den verschiedenen Männern "verschoben" wird, stirbt am Ende, bevor sie zur Mätresse gemacht werden kann. Die Frau als Opfer interessierte den Autor Hoffmann wesentlich mehr als etwa die Darstellung weiblicher Sirenen. In diesem Punkte allerdings waren die Auflagen der Herausgeber recht streng, was etwa Eichendorff bei seiner Erzählung "Das Marmorbild" erfahren mußte, als man ihm einige anstößige Stellen strich. Hoffmann quittierte Schützes diesbezügliche Bedenken mit der Bemerkung, daß "starke Stellen in Schilderungen" durchaus für die Damen geeignet seien, die, "seit sie fleißig Rum zum Thee zugössen, wohl mehr als sonst vertragen könnten."[62] Dennoch, man sucht vergebens nach einer Venusfigur. Die Gräfin Gabriela aus "Datura fastuosa", "ein Weib ganz Liebe und Lust, in ihrem Wesen die Kunst jener höheren Koketterie tragend",[63] die Traugott verführen möchte, ist die einzig aktive weibliche "böse Figur" in Hoffmanns Almanacherzählungen: "der üppige Bau ihres Körpers, der siegende Feuerblick ihrer großen schwarzen Augen",[64] läßt den unerfahrenen, weltfremden Jüngling fast einen Mord begehen. Am Ende wird der Nimbus der Dame zerstört, als der Polizeidiener sie als italienische Aktrice enttarnt.

Auch in den für die Frauenkalender verfaßten Geschichten widmete sich Hoffmann eher typischen Problemen männlicher Protagonisten. Ob Theodor, Traugott, Cardillac, Rat Krespel oder Wolfframb von Eschinbach, meist sind es Künstler auf der Suche nach der Inspiration. Reale Frauen stören da nur: "Es ist aber das Erbteil von uns Schwachen, daß wir [...] so gern das Überirdische hinabziehen wollen in die irdische ärmliche Beengtheit. So wird die Sängerin unsere Geliebte - wohl gar unsere Frau! - Der Zauber ist vernichtet und die innere Melodie, sonst Herrliches verkündend, wird zur Klage über eine zerbrochene Suppenschüssel oder einen Tintenfleck".[65] Überhaupt die Künstlerinnen! Über deren Rolle hatte Hoffmann sehr dezidierte Vorstellungen.

Mit Schrecken erinnert sich Theodor in der Musikerzählung "Die Fermate" an sein Zusammenleben mit zwei exzentrischen Italienerinnen: "- Lauretta sah mein Verhältnis mit Teresina mit neidischem verbissenen Aerger an, indessen sie bedurfte meiner, denn trotz ihrer Kunst war sie nicht imstande, Neues ohne Hülfe einzustudiren, sie las schlecht und war auch nicht taktfest."[66] Nicht nur Eifersucht quält die Primadonnen, sie sind auch kleinlich, berechnend, falsch. Ihr Bemühen, sich im Musikbetrieb zu behaupten, die männlichen Konkurrenten gegeneinander auszuspielen und sich zudringliche Verehrer vom Leib zu halten, wird als Kälte und Unweiblichkeit interpretiert. Am Ende bleiben sie die "tingelnden" Sängerinnen - eine künstlerische Weiterentwicklung bleibt ihnen versagt. Daß sie selbstbewußt umherreisen, Verträge mit Musikdirektoren abschließen, sich ihre Pianisten zu verpflichten wissen und sich ohne männlichen Schutz behaupten, wird eher beiläufig und keinesfalls positiv erwähnt.

Sowohl in der Erzählung "Die Fermate" als auch im "Rath Krespel" treten italienische Sängerinnen als Konkurrentinnen der Männer auf, deren Prominenz proportional zu ihrer Exaltiertheit steht. Hoffmann beschreibt damit einen für das 19. Jahrhundert typischen Sachverhalt: Mehr und mehr verdrängten Instrumente wie Geige und Klavier die hohen weiblichen Stimmlagen. Beide wurden fast ausschließlich von männlichen Interpreten beherrscht. Die ehemals so mächtigen italienischen Alleinherrscherinnen der Hofoper ersetzte damit ein Orchester, sie wurden zunehmend in den Bereich der leichten Muse abgedrängt. Symptomatisch ist das Schicksal der Demoiselle Meibel in der "Fermate", die als ehemals "jubillierte Hofsängerin" nunmehr ihre "karge Pension" verzehrt und als groteske und anachronistische Erscheinung den Spott herausfordert.[67] Dagegen repräsentiert die Ehefrau des Rath Krespel, die berühmte italienische Sängerin "Angela -i", den Typus der erfolgreichen Künstlerin. Der Erzähler berichtet die Geschichte, die ihm der Rat mitteilte, ganz aus der Perspektive des beleidigten Ehemannes. Zunächst war dieser von der Stimmgewalt der Signora begeistert -

und auch von ihrer Schönheit. "Das engste Verhältnis führte in wenigen Wochen zur Heirath."[68] Doch fortan ward dem Rat das Leben zur Qual. Nicht einmal seinen Namen mochte Angela tragen, weil sie um ihre Karriere fürchtete. "Aller Eigensinn, alles launische Wesen sämmtlicher ersten Sängerinnen sei, wie Krespel meinte, in Angela's kleine Figur hineingebannt worden."[69]

Der Ehealltag mit der berühmten Primadonna gestaltet sich auch deshalb so schwierig, weil der Rat nicht auf seiner formalen Autorität als Ehemann bestehen kann: "Wollte er sich einmahl in Positur setzen, so schickte ihm Angela ein ganzes Heer von [...] Maestro's [...] über den Hals, die, unbekannt mit seinem eigentlichen Verhältnis, ihn als den [...] unhöflichsten Liebhaber, der sich in die liebenswürdige Laune der Signora nicht zu schicken wisse, ausfilzten."[70]

Eines Tages, nachdem der Rat sich einer zärtlichen Umarmung seiner Frau eigensinnig entzog, hatte diese seine Geige in tausend Stücke zerschlagen und war deshalb von ihrem Mann durch das Fenster ihres eigenen Lusthauses geworfen worden. Der Sturz hatte zwar "durchaus keine anderen als psychische Folgen",[71] doch immerhin wußte Krespel zu diesem Zeitpunkt, daß seine Frau schwanger war. Einmal mehr bestätigt seine als "heroisch" beschriebene Tat das männliche Vorurteil, daß Weiberlaunen nur mit Autorität, notfalls mit körperlicher Züchtigung beizukommen sei: "Signora sei nämlich nach Krespels [...] That wie umgewandelt [...] der Maestro, der für das nächste Carneval componirt, sei der glücklichste Mensch unter der Sonne, weil Signora seine Arien ohne hunderttausend Abänderungen [...] singen wolle. Übrigens habe man alle Ursache, meinte der Freund, es sorgfältig zu verschweigen, wie Angela kurirt worden, da man sonst Gefahr liefe, daß jedes Tages, wann man durch die Straßen ginge, einem Sängerinnen auf den Kopf geworfen würden."[72]

Krespel kehrt auch dann nicht zu seiner Gattin zurück, als diese ihn benachrichtigt, daß sie von einem "herzallerliebsten Töchterchen" entbunden sei und ihn bittet, "doch nur gleich nach Venedig" zu kommen.[73]

Der stolze Vater läßt das Töchterchen bei der Mutter aufwachsen. Nach deren Tod nimmt er es zu sich und weiß sich nun sehr vehement in ihr Leben einzumischen. Zwar beschreibt die Erzählung dies als ungewöhnliche Fürsorglichkeit, um Angelas Brustleiden nicht zu forcieren, doch steckt dahinter der Versuch, sich nun an der Tochter schadlos zu halten, nachdem die Mutter ihre Selbstständigkeit zu behaupten wußte. Die Frau kann zwar künstlerisch tätig sein, darf dies aber niemals zur Profession werden lassen. Die Leserinnen der Almanache, denen der frühromantische Überbau aus Philosophie und Anthropologie, bei dem die Frau als Naturwesen bereits auf einer höheren Stufe als der erst zur Vollendung zu führende Mann steht, nicht vertraut war, kannten nur die populistische Verflachung, die die Frau als dilettierende Interpretin, als Konsumentin und Rezipientin von Kunst sehen wollte. Wenn Berufstätigkeit toleriert wurde, dann im caritativen Bereich, wie sie die alte Margareta, die Amme, in der Erzählung "Doge und Dogaresse", praktiziert.[74] Sie kann sich nicht auf ein Studium berufen. "Von Kindheit auf machte mich mein Vater ein Wundarzt ... bekannt mit den geheimen Heilkräften der Natur. Von ihm lernte ich, durch Wald und Flur streifend, die Abzeichen manches heilbringenden Krauts."[75]

Besonders ärgerlich war für Hoffmann anscheinend die schreibende Zunft der Frauen. Die "dilettirenden

Weiber", die ihre "Ware auf ästhetischen Thees feilboten", waren seine Sache nicht - obwohl oder gerade, weil er selbst einige seiner Kolleginnen kannte: Helmina von Chézy, Caroline de la Motte Fouqué, Amalie von Helvig, Fanny Tarnow. Die Heldin aus der Novelle "Kampf der Sänger", Gräfin Mathilde, die von Heinrich von Ofterdingen in der Kunst des Gesanges unterrichtet, plötzlich selbst dichtet, verliert ihre weiblichen Reize damit. Es war, "als schwände von der berückten Frau alle Anmuth und Holdseligkeit. Alles vernachlässigend, was zur Zierde holder Frauen dient, sich alles weiblichen Wesens entschlagend, wurde sie zum unheimlichen Zwitterwesen, von [...] den Männern verlacht."[76] In den Almanacherzählungen begegnet man denn auch weiter keiner Frau, die lesend oder schreibend dargestellt wird - einzige Ausnahme: Madeleine de Scudéry. Ihre galante Hofdichtung hat nichts mit dem selbstbewußten Künstlertum eines Cardillac gemeinsam. Außerdem spielt die Scuderi in der Novelle ihre eigene Prominenz herunter, um ihre Bediensteten nicht unnötig zu beunruhigen, während doch in Wirklichkeit ihr "Land der Zärtlichkeit"[77] dazu führte, daß "alle Welt ihre Romane mit Vergnügen" las und man sie "in alle lebende Sprachen [...] übersetzt" hatte.[78]

Auch der Kommentar in der Serapionsrunde geht mit keinem Wort auf den außergewöhnlichen Status der Dichterin ein. "Es ist [...] unserm Sylvester in der Tat ein mißliches Wagestück gut genug gelungen. Für ein solches halte ich nämlich die Schilderung eines alten gelehrten Fräuleins, die in der Straße St. Honoré eine Art von Bureau d'esprit aufgeschlagen, in das uns Sylvester blicken lassen."[79] Übersetzungen der dickbändigen Schlüsselromane, von denen im Text nur auf "Clelia" hingewiesen wird und die ähnlich der

Wagenseil-Chronik als mögliche Quellen Hoffmanns infrage kämen, nennt Sylvester nicht. Dagegen findet die Bescheidenheit der Schriftstellerin Lothars volle Billigung, der am Ende an die Zunft der schreibenden Frauen den Appell richtet:
"Unsere Schriftstellerinnen, denen ich übrigens, sind sie zu hohen Jahren gekommen, alle Liebenswürdigkeit, Würde und Anmut der alten Dame in der schwarzen Robe recht herzlich wünsche, würden gewiß mit dir, o mein Sylvester [...] zufrieden sein und dir auch allenfalls den etwas gräßlichen und grausigen Cardillac verzeihen [...]".[80]
Höchstens im kleinen Kreis, im vertrauten Briefwechsel oder innerhalb der familiären Grenzen durfte die Frau ihre Intelligenz, ihre Belesenheit und ihr kulturelles Wissen zeigen.
Hoffmann, dessen Verhältnis zu seinem weiblichen Lesepublikum nicht von Galanterie und freundlichem Entgegenkommen geprägt war, sorgt sich nur selten um weibliche Themen, wie sie etwa Wieland, Goethe oder Jean Paul ausführlich zu behandeln wußten. Die Herzensangelegenheiten seiner Helden sind nicht mit dem Blick auf die Leserinnen geschrieben und schon gar nicht läßt sich dies vom äußeren Erscheinungsbild der oft grotesk überzeichneten Figuren sagen. Keine Vorrede des Herrn Kammergerichtsrat richtet sich an die "verehrten Damen", weckt die Neugier der "Schönen" oder appelliert an das Mitleid der "geneigten Leserinnen".
Hoffmanns immer eindringliche Leseranreden wenden sich an einen interessierten und mitfühlenden Adressaten, den man sich eher als Mann vorzustellen hat. Dafür sind die Rahmengespräche der *Serapions-Brüder* ein Indiz, in die Hoffmann später sieben der Almanacherzählungen nahezu unverändert übernahm.

Als Cyprian seine Vorlesung des "Artushofes" beendete und Theodor den Schluß mit dem Argument kritisiert, die "Mädchen und Frauen" hätten daran sicher manches zu bemängeln, entgegnet Lothar: "Willst du [...] überall den Maßstab darnach, was den Weibern gefällt, anlegen, so mußt du alle Ironie, aus der sich der tiefste ergötzlichste Humor erzeugt, ganz verbannen; denn dafür haben sie [...] ganz und gar keinen Sinn." - "Welches", erwiderte Theodor, "mir auch sehr wohl gefällt. Du wirst mir eingestehen, daß der Humor, der sich in unserer eigentümlichsten Natur aus den seltsamsten Kontrasten bildet, der weiblichen Natur ganz widerstrebt. Wir fühlen das nur zu lebhaft [...] Denn sage mir, magst du auch einige Zeit Gefallen finden an dem Gespräch einer humoristischen Frau, würdest du sie dir als Geliebte oder Gattin wünschen?" - "Gewiß nicht", sprach Lothar, "wiewohl sich über dies weitschichtige Thema, inwiefern der Humor den Weibern anstehe oder nicht, noch gar vieles sagen ließe [...] Übrigens frage ich dich, o Theodor! ob es denn unumgänglich vonnöten, sich jede vorzügliche Dame, mit der man sich in ein vernünftiges Gespräch eingelassen, als seine Geliebte oder Gattin zu denken?" - "Ich meine", erwiderte Theodor, "daß jede Annäherung an ein weibliches Wesen nur dann zu interessieren vermag, wenn man vor dem Gedanken, wenn es die Geliebte oder Gattin wäre, wenigstens nicht erschrickt, und daß, je mehr dieser Gedanke behaglichen Raum findet im Innern, um desto höher jenes Interesse steigt."[81]

Doch dieser *Dialog blieb den Leserinnen von Frauen-* enalmanache verborgen. Wollten sie nun in ihrem anerzogenen weiblichen Selbstverständnis, zunächst und vor allem dem Mann als Gattin und Geliebte zu gefallen, bestätigt werden - dieser Tatsache verdankt

Hoffmann zu einem Gutteil seinen Erfolg als Verfasser von Erzählungen für Frauentaschenbücher -, so genügte es für sie, den Almanach zur Hand zu nehmen. Schlossen sie sich aber als Leserinnen der bekanntlich nur aus Männern bestehenden Runde der Serapions-Brüder an, so konnten sie darüber hinaus an all jenen innovativen und poetischen Diskussionen teilhaben, in denen Hoffmanns Helden ausführlich ein Bild einer besseren Welt entwerfen --- und zu dieser gehören schließlich Männer und Frauen.

---

1 Ein Brief von Hoffmann an Herrn Baron de la Motte Fouqué. In: Frauentaschenbuch für das Jahr 1818, S. 221.

2 Nicht alle (dies gilt etwa für die Erzählungen Die Brautwahl oder Vetters Eckfenster) wurden in periodischen Schriften publiziert, die sich ausschließlich an ein weibliches Publikum richten.

3 Die Fermate. In: Frauentaschenbuch für das Jahr 1816, S. 347-379 (= Fe); Artushof. In: Urania 1817, S. 179-226 (= AH); [Rath Krespel]. In: Frauentaschenbuch für das Jahr 1818 (= RK). Ein Brief von Hoffmann an Herrn Baron de la Motte Fouqué. S. 220-263; Der Kampf der Sänger: In: Urania 1819, S. 81-159 (= KdS); Doge und Dogaresse. In: Taschenbuch auf das Jahr 1819. Der Liebe und Freundschaft gewidmet, S. 219-309.(= DuD). Rez. Therese Huber in: Cottas Morgenblatt für gebildete Stände 1819; Spielerglück. In: Urania 1820, S. 383-421 (=SpG); Geschichte des Fräuleins von Scuderi. In: Taschenbuch für das Jahr 1820. Der Liebe und Freundschaft gewidmet.S. 1-122,(FvSc); Datura fastuosa. (Der schöne Stechapfel.) In: Taschenbuch für das Jahr 1823. Der Liebe und Freundschaft gewidmet,S. 1-98 (=Df); Der Feind. In: Frauentaschenbuch für das Jahr 1824, S. 351-414 (= Feind). Die Texte werden mit den genannten Siglen nach den Erstdrucken zitiert.

4 Für Datura Fastuosa erhielt er vorab 21 Frd'or, das entspricht einem Bogenhonorar von 3 Frd'or. Im Vergleich dazu schlug der Verleger Schrag Caroline de la Motte Fouque das geforderte Bogenhonorar von 2 Frd'or ab. Vgl. Friedrich Schnapp: E.T.A. Hoffmann in Aufzeichnungen seiner Freunde und Bekannten. München 1974, S. 528, (Sigle Schnapp Aufzeichnungen).

5 St. Schütze an die Gebrüder Wilmans, Weimar 26.1.1817, zit. nach Schnapp Aufzeichnungen, S. 376.

6 Auch in den anderen Taschenbüchern weist Hoffmann bei der ersten Publikation auf die Fantasiestücke hin (etwa beim Artushof, Urania 1817).

7 Brief an die Redaktion 12.1.1815. Zit. nach E.T.A. Hoffmann: Briefwechsel. Zweiter Band: Berlin 1814-1822, gesammelt und erläutert von Hans von Müller und Friedrich Schnapp. München 1968, S. 35 (Sigle: Briefe II).

8 Brief vom 12.1.1815, zit. Briefe II, S. 34.
9 Im nächsten Jahr konnte Schütze Hoffmann zwar als Autor gewinnen, allerdings für sein Taschenbuch Wintergarten. Dort erschien 1818 die Erzählung Ein Fragment aus dem Leben dreier Freunde.
10 RK, S. 220. Vgl. zu den biographische Anspielungen Gabriele Brandstetter (Hg.): J. Offenbach, "Hoffmanns Erzählungen". Konzeption-Rezeption-Dokumentation. Laaber 1987.
11 RK, S. 221.
12 Ebd.
13 RK, S. 263. Das Postscriptum umfaßt 38 Seiten. Rath Krespel ist die einzige Frauenalmanacherzählung, die in den Serapions-Brüdern in geänderter Form erschien.
14 Cottas Morgenblatt für gebildete Stände. Literaturblatt Nr. 4, 1820.
15 Ebd.
16 Die Wettbewerbe galten für verschiedene Gattungen. Nicht immer gab der Verlag dabei ein Thema vor.
17 Schrag an Fouqué, Leipzig 9.5.1820, zit. nach Schnapp Aufzeichnungen, S. 535.
18 (29.11.1819), zit. nach Schnapp Aufzeichnungen, S. 511. Fouqué legte am 2.11.1820 die Redaktion des Frauentaschenbuchs nieder. Er wurde von Friedrich Rückert abgelöst.
19 Brief an Engelmann, 10.5.1820, zit. nach Briefe II, S. 253.
20 Brief an Winkler, 20.12.1819, zit. nach Briefe II, S. 230.
21 Schütze an die Gebrüder Wilmans, Weimar, 30.8.1819, zit. nach Schnapp Aufzeichnungen, S. 487.
22 Magdalena de Scuderi. In: Pantheon berühmter und merkwürdiger Frauen. 4 Bände. Zweiter Theil, Leipzig 1809, S. 215-228.
23 Schütze an die Gebrüder Wilmans, Weimar 4.10.1819, zit. nach Schnapp Aufzeichnungen, S. 496.
24 Schütze: Ueber Hoffmann, zit. nach Schnapp Aufzeichnungen, S. 529.
25 Vgl. Schütze an die Gebrüder Wilmans, 4.10.1819, zit. nach Schnapp Aufzeichnungen, S. 496; sowie ders.: Ueber Hoffmann, Dez. 1824, zit. nach ebd., S. 463.
26 Hoffmann an Schütze, 17.2.1819. Vgl. auch Brief von Schütze an die Gebrüder Wilmans, 29.3.1819, Schnapp Aufzeichnungen, S. 467. Kolbe (1781-1853), Mitglied der Berliner Akademie der Künste, und seit 1830 Professor, war mit Hoffmann befreundet.
27 Schütze an die Gebrüder Wilmans, Weimar, 4.10.1819, zit. nach Schnapp Aufzeichnungen, S. 496.
28 Hoffmann an Schütze, 17.2.1819, zit. nach Briefe II, S. 200.
29 Vgl. Schütze an die Gebrüder Wilmans, Weimar, 4.10.1819, zit. nach Schnapp Aufzeichnungen, S. 495.
30 Vgl. Ursula Orlowsky: E.T.A. Hoffmanns "Datura fastuosa" (Der schöne Stechapfel). Hintergründiges zur Titelmetapher. In: ZfdPh 107, Sonderheft, S. 61-70; sowie Stefan Diebitz: Der Spießer im Treibhaus. Versuch einer Deutung und Wertung von E.T.A. Hoffmanns später Erzählung "Datura fastuosa". In: MHG 34 (1988), S. 52-66.

31 Hitzig, S. 347.
32 Hitzig an Schrag, 24.6.1823, zit. nach Schnapp Aufzeichnungen, S. 683.
33 Jenaische Allgemeine Literatur-Zeitung Nr. 222, November 1822, Sp. 314.
34 Das beweist u.a. die Tatsache, daß sich Hoffmann regelmäßig Exemplare der Kalender zuschicken ließ. So fragte Hoffmann bei seinem Berliner Verleger Georg Reimer an: "Wo könnte ich wohl das Wiener Zeitblatt für Kunst, Mode und Literatur zu sehen bekommen? Ich bin gestern zum Mitarbeiter mit 8 Gulden pr. Bogen aufgefordert worden..." Brief an Reimer, Berlin 11.3.1819, zit. nach Schnapp Briefe II, S. 203. Vgl. zur Journalarbeit der Autoren des frühen 19. Jahrhunderts Reinhart Meyer: Novelle und Journal. Band I. Wiesbaden 1987.
35 Spg, S. 385.
36 Anonym: Schreiben aus dem Bade zu... In: Zeitung für die elegante Welt. Donnerstag, 29. July 1802, Sp. 720.
37 Vgl. hierzu Rolf Schröder: Novelle und Novellentheorie in der frühen Biedermeierzeit. Tübingen 1970.
38 Fe, S. 68.
39 Vgl. hierzu Georg Hummel: Der Maler Johann Erdmann Hummel. Leipzig 1954. Ernst Schreyer: J.E.Hummel und die deutsche Dichtung. J.v. Eichendorff, E.T.A. Hoffmann, J.W.v. Goethe. In: Aurora, 33, 1973, S. 43-62.
40 Vgl. dazu E. Schreyer, der vor allem auf das Aufgreifen des Motivs durch Eichendorff (Aus dem Leben eines Taugenichts) verweist. Bereits 1810 hatte Hummel mit dem eingereichten Porträt des Prinzen von Oranien, das in einer Rezension in den Berliner Abendblättern positiv besprochen wurde (9.10.1810 sowie 12.11.1810), Aufmerksamkeit erregt.
41 Christoph Schweitzer: Bild, Struktur und Bedeutung: E.T.A. Hoffmanns "Die Fermate". In: MHG 19, 1973, S. 49-52, hier S. 49.
42 DuD, S. 224.
43 AH, S. 180.
44 AH, S. 216. Vgl. hierzu H. Rothe/ A.Ryszkiewicz (Hg.): Chodowiecki und die Kunst der Aufklärung in Polen und Preußen. Köln/Wien 1986.
45 DuD, S. 221.
46 DuD, S. 222.
47 E.T.A. Hoffmann: Die Serapions-Brüder. Gesammelte Erzählungen und Märchen. Nach dem Text der Erstausgabe mit einem Nachwort von Walter Müller-Seidel und Anm. von Wulf Segebrecht. München 1976, S. 400 (Sigle SB).
48 Lea Mendelssohn-Bartholdy an Henriette von Pereira-Arnstein, 5.11.1819, zit. nach Schnapp Aufzeichnungen, S. 509. Auch der Schriftsteller Willibald Alexis berichtet von der begeisterten Aufnahme der Erzählung, deren Wahrheitsgehalt in der Berliner Gesellschaft immer wieder diskutiert wurde. Vgl. hierzu Schnapp Aufzeichnungen, S. 521-524.

[49] Brief vom 5.2.1820.
[50] KdS, S. 83.
[51] KdS, S. 91.
[52] Feind, S. 355.
[53] Ebd.
[54] Feind, S. 360. Vgl. hierzu Jan U. Terpstra: Hexenspruch, Eierzauber und Feind-Komplex. In: Euphorion 80, 1986, S. 26-45.
[55] DuD, S. 263.
[56] Spg, S. 725.
[57] Berliner Abendblätter, 16.1.1811.
[58] DF, S. 98.
[59] AH, S. 225.
[60] RK, S. 236. Auch "Gräfin Mathilde, Witwe des in hohem Alter verstorbenen Cuno von Falkenstein" (Kampf, S. 111), läßt sich in diese Reihe einordnen.
[61] Spg, S. 407.
[62] Schütze "Über Hoffmann" Weimar Dezember 1824, Schnapp Aufzeichnungen, S. 463.
[63] DF, S. 80.
[64] Ebd., S. 72.
[65] Fermate, S. 368.
[66] Ebd.
[67] Fermate, S. 352. Vgl. dazu Jörg Theilacker (Hg.): Der hohe Ton der Sängerin. Musik-Erzählungen des 19. Jhs. Frankfurt/Main 1989, S. 7ff.
[68] RK, S. 251.
[69] RK, S. 252.
[70] Ebd.
[71] RK, S. 253.
[72] RK, S. 254.
[73] RK, S. 253.
[74] Vgl. hierzu Friedhelm Auhuber: In einem fernen dunklen Spiegel. Hoffmanns Poetisierung der Medizin. Opladen 1986.
[75] DuD, S. 262.
[76] KdS, S. 295.
[77] KdS, S. 218.
[78] KdS, S. 221.
[79] FvS, S. 5.
[80] SB, S. 709.

Lydia Schieth

Katalogteil

NR. 109 TASCHENBUCH FÜR DAS JAHR 1820
"Das Fräulein von Scuderi. Erzählung aus dem Zeitalter Ludwig des Vierzehnten. Von E.T.A. Hoffmann, Verfasser der Phantasiestücke".
Abb.: Kupfer Ramberg (verkleinert auf 95,9%).
SBB L.g.o. 918fe

NR. 110 TASCHENBUCH AUF DAS JAHR 1823
"Datura fastuosa. (Der schöne Stechapfel.)"
Abb.: Kupfer Ramberg (verkleinert auf 90,1%).
SBB L.g.o. 918fe

NR. 111 FRAUENTASCHENBUCH 1831
Abb.: "Ansicht der Burg zu Nürnberg von der Südwestseite an Dr. Rupprechts Garten". Die Ansicht zeigt im Vordergrund den "Spaziergang und die Straße vom Hallerthor nach dem Spittlerthor" (verkleinert auf 79,6%).
LBC Alm 274

Sc. aus der Erzählung: Das Fräulein von
Scuderi, von T. Hoffmann.

So. aus: *Datura fastuosa*
Erzählung von E. T. A. Hoffmann.

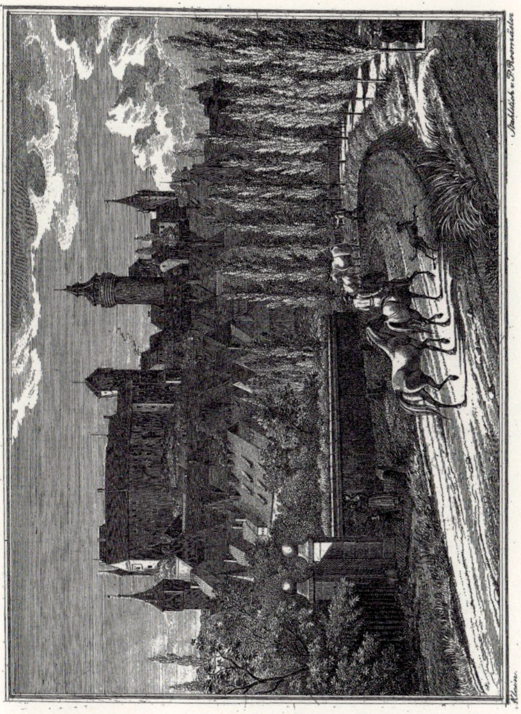

VII. DAMALS UND HEUTE
EIN BEITRAG, DER VERVOLLSTÄNDIGUNG DES KATALOGES GEWIDMET

Ein fiktiver Dialog

Personen:
- Petra, jung-dynamische Karrierefrau des späten 20. Jahrhunderts
- Penelope, ein Frauenzimmer aus dem frühen 19. Jahrhundert
- deren Ehemann

Requisiten:
- ein Frauenalmanach, betitelt "Orphea" (austauschbar durch Minerva, Lilie, Cornelia, Aurora, Helena, Iris oder Flora)
- eine Frauenzeitschrift, betitelt "Sybille" (austauschbar durch Brigitte, Verena, Carina oder Marie-Claire)

Schauplatz: ein kleines Café in Bamberg
Zeit: Sommer des Jahres 1992

Café Marktbeck. Ein sonniger Nachmittag. Penelope sitzt entspannt und gutgelaunt an einem Tisch, vor sich ein Stück Sahnetorte und eine Tasse Schokolade. Sie wartet auf ihren Ehemann.
Auftritt Petra. Völlig gestreßt, außer Atem setzt sie sich auf den freien Patz neben Penelope und bestellt einen doppelten Espresso. Auf den Tisch legt sie die soeben gekaufte "Sybille".

PENELOPE: Entschuldigung, dürfte ich bitte einmal sehen? *(greift nach der "Sybille")*

PETRA: Bitte, bitte. Haben Sie Ihre denn noch nicht gekauft?
PENELOPE: Gekauft? Ich?
PETRA *(verständnislos)*: Ja, wer denn sonst?!
PENELOPE: Nun, mein Gemahl selbstverständlich. Er verfügt doch schließlich über das Geld. Wählt Ihr Gatte denn nicht Ihre Lektüre aus?
PETRA *(etwas arrogant)*: Ich bin nicht verheiratet. Ich bin Single - aus Überzeugung!
PENELOPE *(schnippisch)*: Ach Entschuldigung - das tut mir aber leid!
PETRA *(wütend)*: Das braucht Ihnen gar nicht leid zu tun. Auf einen Mann, der mir vorschreibt, was ich lesen darf, was nicht, kann ich gut verzichten. Und überhaupt: mein Geld verdiene ich selber, und meine Zeitschriften kaufe ich allein.
PENELOPE *(eingeschüchtert)*: Aber so viel Leseerfahrung haben wir Frauen doch noch gar nicht. Da weiß mein Mann doch viel besser, vor welcher Lektüre man sich hüten muß - denken Sie nur mal an all die verderblichen Romane, die es neuerdings auf dem Buchmarkt gibt!
PETRA *(verständnislos)*: Leseerfahrung? Lesen kann heutzutage ja wohl jeder und was er will! Und "verderbliche Romane"? Was soll denn das sein?
PENELOPE: Ja - einmal habe ich schon so ein Werk in den Händen gehabt und darüber fast die Zeit vergessen. Wenn man erst anfängt, so etwas zu lesen, kann man fast süchtig danach werden. Man hört ja sogar, daß einige Frauen ihre Pflichten als Hausfrau und Mutter über der Lektüre vernachlässigen.
PETRA: Süchtig? Wie meinen Sie das? Worum geht es denn in diesen Büchern überhaupt?
PENELOPE *(errötend)*: Ja, kennen Sie denn nicht zum Beispiel den Werther?

PETRA: Hab' ich mal in der Schule gelesen. Und was soll daran so verderblich sein?

PENELOPE: Nun, da schreibt der Herr Goethe doch fast schon ein bißchen zu offen über Liebe und Leidenschaft und dergleichen bedenkliche Themen mehr. Wo bleibt da die Moral? Es ist wohl doch ratsamer, sich auf den guten Geschmack seines Ehemannes zu verlassen. Aus der Lektüre, die mein Gatte für mich kauft, kann ich sogar immer noch etwas lernen und ihm dann eine angemessene Gesprächspartnerin sein. - Sehen Sie doch bitte: dies ist auch ein Geschenk meines Gemahls! *(zu sich selbst:)* Ich fange im übrigen an, mich zu sorgen, daß er immer noch nicht hier ist. *(zieht aus ihrem Strickbeutel ein kleines graublaues Etwas)*

PETRA *(interessiert)*: Was ist das denn? Zeigen Sie doch mal her!

PENELOPE: Bitte, hier. Aber seien Sie bitte vorsichtig mit dem Schuber ... *(Petra zerrt an dem Schuber)* So geben Sie doch acht! Sonst zerreißen Sie mir noch den Almanach!

PETRA *(hat mittlerweile den Schuber achtlos auf den Tisch geworfen und hält jetzt den reich verzierten Almanach in der Hand)*: Das ist aber hübsch - sogar mit Goldschnitt. *(blättert in dem Almanach)* "Orphea" - hm, klingt ja schick! *(ironisch)* Und diese reizende Widmung hier ist wohl von Ihrem Mann? *(blättert weiter)* Und was ist das?

PENELOPE: Dies, meine Liebe, ist ein Titelkupfer. Enthält Ihre Zeitschrift etwa keine?

PETRA *(lacht)*: In der "Sybille" alle vierzehn Tage ein Kupfer? Dann könnte man sie ja nicht mehr bezahlen!

PENELOPE: Alle vierzehn Tage? Ich verstehe ... Die Almanache erscheinen nur einmal im Jahr.

PETRA: Nur einmal im Jahr? Das ist dann aber nicht sehr aktuell, was? *(schaut in die "Orphea", liest einiges daraus vor)* Na, das sind ja auch hauptsächlich Erzählungen und Gedichte - oh, aber immerhin bekannte Namen darunter: Kann ich mir wirklich nicht vorstellen, daß sich heutzutage ein Dichter dazu hergeben würde, in der "Sybille" etwas zu veröffentlichen! *(fängt an zu lachen)* Würde sich aber ganz gut machen: demnächst die neuesten Gedichte von Hans Magnus Enzensberger zwischen denen von Susi Müller und Erna Meier unter der Überschrift "Leser und Leserinnen schreiben für uns"! *(blättert wieder in der "Orphea")* Stil Susi Müller gibt's hier aber wohl auch, was? Und das hier? Ach so - Stickmuster! Und dann noch die Postgebühren und die Abfahrtszeiten der Kutschen. Alles wirlich nützlich - und vor allem harmlos! Für die brave Ehefrau eben, hmm? Brisante Themen oder Politik haben da dann natürlich sowieso keinen Platz!
PENELOPE *(greift zur "Sybille" und liest die Rubriken vor)*: "Mode und Schönheit", "Reise", "Wohnen", "Ratgeber", "Handarbeit", "Kochen" - *(angriffslustig)* Und was ist *daran* politisch?
PETRA *(verunsichert, sucht nach Argumenten)*: Na gut, politische Themen sind das auch nicht gerade. Aber ... *(wieder selbstsicherer)* das ist ja auch gar nicht der Anspruch der Zeitschrift! Die lese ich ja zur Entspannung, wenn ich abends erschöpft von der Arbeit nach Hause komme.
PENELOPE *(triumphierend)*: Einen Unterschied zu meinem Almanach kann ich da nicht sehen!
PETRA: Na hören Sie mal ... *(zeigt auf das Inhaltsverzeichnis des Almanachs)* Das sind doch fast nur Männer, die die Beiträge verfaßt haben. In meiner Frauenzeitschrift schreiben Frauen für Frauen!

PENELOPE: Aber diese Frauen unterstehen dann auch wieder Männern! *(zeigt nun ihrerseits auf das Impressum der "Sybille")* Sehen Sie, unter "Chefredakteur" und "Verlagsleitung" finden sich hier auch nur Männernamen! *(In diesem Moment tritt ein Mann an den Tisch.)* Ach, ähm, da bist Du ja! Begleichst Du meine Rechnung, bitte? *(zu Petra)* Tut mir leid, aber ich muß jetzt sofort gehen. *(steht auf; leise zu Petra, indem sie auf die "Sybille" zeigt)* Mit Ihrer Erlaubnis?
PETRA *(nickt ihr etwas verwirrt zu)*: Ja, ja, selbstverständlich!
PENELOPE *(packt die Zeitschrift ein und schiebt Petra heimlich den Almanach zu; im Weggehen)*: Auf ein Wiedersehen - hoffentlich!
PETRA: Ja! Tschüs dann auch! *(steht ebenfalls auf, packt sorgfältig den Almanach in ihre Handtasche und wendet sich zum Gehen, hält dann plötzlich inne)* Ach, ja ... jetzt hätte ich's doch fast vergessen! *(seufzt laut und ruft)* Zahlen, bitte!

- ENDE-

Kerstin Meyer und Stefanie Wendland

VIII. Bibliographie der deutschsprachigen Almanache

Aglaja. Ein Taschenbuch für das Jahr... Hrsg. von Joseph Sonnleithner und J[osef] Schreyvogel. Wien: im Verlag von Johann Bapt[ist] Wallishausser. (1815-1832).
LBC Alm 302

Aglaja. Jahrbuch für Frauenzimmer auf... Hrsg. von N[ikolaus] P[eter] Stampeel. Mit ...Kupfern von ... . Frankfurt a.M.: August Hermann. (1801-1803).
LBC Alm 301

Almanach der Mode und des Geschmacks für Damen, auf das Jahr 1802. Zur Kunde eleganter Gegenstände, und zur Beurtheilung des Schönen in der Tanzkunst, Schauspielkunst, Musik, Zeichenkunst, Malerei, Stickerei u.s.w. Mit V Kupfern. Berlin: bei Oehmigke dem Jüngeren 1802. [Davon abweichend gibt der Innentitel VI Kupfer an].
LBC Alm 78

Almanach der Belletristen und Belletristinnen fürs Jahr 1782. Hrsg. von J[oachim] [Christian] Fr[iedrich] Schulz und K[arl] F[riedrich] Erbstein. Berlin: Himburg [1781].
BOSS Albe 1782/1

Aurikeln. Eine Blumengabe von Deutschen Händen. Hrsg. von Helmina von Chézy, geb. Freyin von Klencke. Berlin: Duncker und Humbler. [1818].
SB Berlin Zsn 43 639 (1818)

Aurora. Taschenbuch für das Jahr... Hrsg. von Johann Gabriel Seidl.... Jahrgang. Wien: bei Franz Riedl's K.k. Hof und bürgerl. Buchbinders, seel. Wittwe u. Sohn im Schottenhofe Nr. 156. Leipzig: A. Liebeskind. (1824-1858).
BPB Ze 4 A 10

Aurora. Taschenbuch für 1823. Hrsg. von [A. Gebauer]. Mit Kupfern, nach Gemälden berühmter Meister gestochen. Mannheim: In der Schwan u. Götz'schen Buchhandlung.
BPB Ze 4 A 09

Aurora. Ein Taschenbuch für deutsche Töchter und Frauen edlern Sinnes. Von Jakob Glatz. ...Jahrgang für das Jahr... Leipzig: bey Gerhard Fleischer (1826-1828).
LBC Alm 331

Berlinischer Damen-Kalender auf das Jahr... Mit... Kupfern. Berlin: Joh[ann] Fr[iedrich] Unger. [Hrsg. von Sophie Mereau, 1798-1800] und Karl Ludwig von Woltmann. (1801-1810).
LBC Alm 479

Cäcilia. Ein Taschenbuch für Freunde der Tonkunst. 1833. Hrsg. von J[ohann] P[eter] Lyser. Hamburg: Hoffmann und Campe.
BOSS Caec 1833/1

Cornelia. Taschenbuch für Deutsche Frauen auf das Jahr... Hrsg. von Aloys Schreiber Großherzogl. Bad. Hofrathe und Histeriographen. ...Jahrgang. Heidelberg: im Verlag von Joseph Engelmann. (1/ 1816-8/ 1823) (9/ 1824-27/ 1842), 1. Jahrgang 2. Folge fortgesetzt von Amalie Schoppe, geb. Weise (2/ 1843-3/ 1844), Walter Tesche (4/ 1845-7/ 1848), J. W. Appell (8/ 1849-15/ 1856), A[loys] Henninger (16/ 1857-21/ 1862), Frater Hilarius [Eduard Fentsch] (22/ 1863-32/ 1873).
BPB Ze 4 C 02
LBC Alm 272
SBB L.g.d. 18

Cyanen. Taschenbuch für... . ...Jahrgang. Mit ...Stahlstichen. Wien und Leipzig: Verlag von Friedrich Wilhelm Pfautsch (1839-1843).
BPB Ze 4 C 03

Denkmahl der Freundschaft und Liebe, ein Neujahrgeschenk in's Strickkörbchen. Hrsg. Carl August Gottlieb Seidel. Weißenfels: Friedrich Severin.
LBC Alm 14

Dramatischer Almanach für das Jahr... (Fortsetzung des Alamachs dramatischer Spiele für Gesellschaftstheater). Mit... Kupfern. . ...Jahrgang. Hrsg. von Friedrich August von Kurländer. Leipzig: Baumgärtnersche Buchhandlung. (1811-1837). Hrsg. von Karl Wilhelm Koch. Wien (1838-1841).
BOSS Alsg 1811/10

Egeria Taschenbuch für das Jahr... Hrsg. von Karl Müchler. Berlin.
LBC Alm 63

Ehret die Frauen. London: A. Asher 1835.
LBC Alm 352

Frauentaschenbuch für das Jahr... von [Friedrich] de la Motte Fouqué, Franz Horn, Caroline de la Motte Fouqué, Fr[iedrich] Kind, L[udwig] Uhland, u.a. Nürnberg: Joh[ann] Leonh[ard] Schrag.
BPB Ze 4
LBC Alm 274
SBB L.g.d. 18a

Der Freund des schönen Geschlechts. Taschenbuch für das Jahr... Wien: bey Jos.: Riedl's sel. Wittwe im Schottenhofe Nr. 136 (1804-1842).
privat

Gedenke mein! Taschenbuch für das Jahr ... . Mit Beiträgen von ... ...Jahrgang. Wien: Verlag von Friedrich Pfautsch, Currentgasse Nr. 414.
BPB Ze 4 G 01

Huldigung den Frauen. Ein Taschenbuch für das Jahr... Hrsg. von I[gnaz] F[ranz] Castelli. ... Jahrgang. Mit ... Kupfern. Wien: Bey Tendler und von Manstein. Leipzig: Industrie Compt. (1823-1848).
BPB Ze 4 H 02
BOSS Huld 1823/26
privat

Iris. Deutscher Almanach für... Hrsg. von Johann Grafen Mailáth. ...Jahrgang. Mit ...Stahlstichen. Pesth. Verlag von Gustav Heckenast. Leipzig: Georg Wigand (1840-1848).
BPB Ze 4 I 02

Kleiner Frauenzimmer Taschenkalender. Zum Nutzen und Vergnügen eingerichtet. Cum Speciali Privilegio et Approbatione A.M.C. Cölln am Rhein: bey Franz Balthasar Neuwirth unter fetten Hennen. [1782].
BOSS Klei 1782/1

Leipziger Taschenbuch für Frauenzimmer zum Nutzen und Vergnügen auf das Jahr 1800. Mit Kupfern. Leipzig: bey Adam Friedrich Böhme.
BOSS Leta 1784/18

Lilien. Taschenbuch historisch-romantischer Erzählungen für... Hrsg. von C[arl Adolf] von Wachsmann. Mit ... Stahlstichen. Leipzig: Verlag von Carl Focke (1838-1850).
BPB Ze 4 L 02

Minerva. Taschenbuch für das Jahr... ...Jahrgang. Mit... Kupfern. Leipzig: bey Gerhard Fleischer. (1/1809-23/1833).
BPB Ze 4 M 02
BOSS Mine 1809/4

Neuer Tanz- und Ball-Kalender auf das Jahr... Hrsg. von Chr[istian] Aug[ust] Fischer. Berlin: Johann Friedrich Unger [1800].
BOSS Tanz 1801/1

Orphea. Taschenbuch für ... [Hrsg. von Ernst Fleischer u. a.]. Leipzig: Ernst Fleischer. (1824-1831).
BPB Ze 4 O 03

Penelope. Taschenbuch für das Jahr... der Häuslichkeit und Eintracht gewidmet. Hrsg. von Theodor Hell. Mit ... Kupfern. Leipzig: J.G. Hinrichs. (1811-1848).
BPB Ze 4 P 02
SBB 30.1138

Pot-pourri für Dames. Eine Auswahl vortrefflicher Aufsäzze. Mit 13 Kupfern von Ramberg und Buchhorn 1800 o.O. o. Verlag.
BOSS Potp 1800/1

Rheinisches Taschenbuch auf das Jahr... Hrsg. von Dr. Adrian (1824-1844); C. Dräxler-Manfred (1845-1858) Frankfurt a. M.: Johann David Sauerländer.
BPB Ze 4 R 01

Rosen. Ein Taschenbuch für... [Hrsg. von Theodor Hell ...] Leipzig: Fr[iedrich] Aug[ust] Leo. (1/1827-10/1837).
LBC Alm 307

Rosen und Vergissmeinnicht. Dargebracht dem Jahre...Hrsg. von C. Clauren. Leipzig: Friedrich August Leo. (1/1838-8/1845).
LBC Alm 308

Taschenbuch für Tänzer und Tänzerinnen auf das Jahr 1832. Hrsg. von E.D.Helmke. Merseburg: Verlag der Sonntagschen Buchhandlung. Fr.Weidemann. [Davon abweichend lautet der Innentitel: Almanach der neuesten Modetänze für das Jahr 1832. Für Freunde und Freundinnen der höheren Tanzkunst.]
privat

Taschenbuch der Grazien. Hrsg. von [August Heinrich] J[ulius] Lafontaine. Mit Kupfern. Mannheim: bey dem Hofbuchhändler Ferd[inand] Kaufmann (1/1805- 5/1820).
BOSS Tagr 1805

Taschenbuch für Damen auf das Jahr .... Hrsg. von L[udwig] F[erdiand] Huber, [August Heinrich Julius] Lafontaine, [Gottlieb Konrad] Pfeffel und andern. Mit Kupfern. Tübingen: in der J.C. Cottaschen Buchhandlung (1/1798-29/1831).
BPB Ze 4 T 03
BOSS Tada 1798/4

Taschenbuch für das Jahr... der Liebe und Freundschaft gewidmet. Hrsg. von Friedrich Wilmans. Hofrätin Johanna Caroline Wilhelmine Spazier, geb. Meyer (1 1800-10 1810); Dr. St[efan] Schütze (11 1811-39 1839); Ludwig Storch (40 1840-41 1841) Frankfurt a. M.: Friedrich Wilmans.
BPB Ze 4 T 04
SBB L.g.o. 918

Taschenbuch zum geselligen Vergnügen auf das Jahr... Hrsg. von ... mit Königl. Sächsischem allergnädigstem Privilegio. Leipzig bei Johann Friedrich Gleditsch. Johann Ernst Friedrich Wilhelm Müller (1794-1814); W[ilhelm] G[ottlieb] Becker (1815-1832); Friedrich Kind. Leipzig: Voß und Leo.
BPB Ze 4 T 09
BOSS Tabe 1791 30

Toilettengeschenk. Ein Jahrbuch für Damen... Leipzig: Georg Voss.
BOSS Toil 1805

Urania. Taschenbuch für Damen auf das Jahr ... Mit ... Kupfern. Leipzig und Altenburg: Friedrich Arnold Brockhaus (1/1810-39/1848).
BPB Ze 4 U 01
SBB L.g.o. 918

Vergißmeinnicht. Ein Taschenbuch für... Hrsg. von H. Clauren. Leipzig: Friedrich August Leo. (1/1818-19/1837).
BPB Ze 4 V 02

Vergiß mein nicht (Vergißmeinnicht). Taschenbuch für das Jahr... Hrsg. von C. Spindler. Stuttgart und München. Ab 1845 neuer Titel: Vergißmeinnicht. Taschenbuch der Liebe, der Freundschaft und dem Familienleben des deutschen Volkes gewidmet. Von Carl Spindler für das Jahr... Mit Illustrationen von L. Weißer. Stuttgart: Frankhscher Verlag (1/1830-14/1843); (1/1845-5/1849).
BPB Ze 4 V 02

Vielliebchen. Historisch-Romantisches Taschenbuch für... Hrsg. von ... . Mit Kupfern. Leipzig: Industrie Compt[oir]. A. von Tromlitz (1/1828-14/1841); Bernd von Guseck (1842-1849); Theodor Mügge (1850-1861).
BPB Ze 4 V 03

IX. Literaturliste (Auswahl)

Ehrfried Baumgärtel: Die Almanache, Kalender und Taschenbücher (1750-1860) der Landesbibliothek Coburg. Wiesbaden 1970.

Barbara Becker-Cantarino: Die Frau von der Reformation zur Romantik. Die Situation der Frau vor dem Hintergrund der Literatur- und Sozialgeschichte. Bonn 1980.

Ilse Bremer u.a.(Hrsg.): Frauen in der Geschichte. Band 4 "Wissen heißt Leben...". Beiträge zur Bildungsgeschichte von Frauen im 18. und 19. Jahrhundert. Düsseldorf 1983.

Gisela Brinker-Gabler (Hrsg.): Deutsche Literatur von Frauen. Bd. 2: 19. und 20. Jahrhundert. München 1988.

Ruth Geiger/ Sigrid Weigel: Sind das noch Damen? Vom gelehrten Frauenzimmer-Journal zum feministischen Journalismus. München 1981.

Hiltrud Gnüg/ Renate Möhrmann (Hgg.): Frauen - Literatur - Geschichte. Schreibende Frauen vom Mittelalter bis zur Gegenwart. Stuttgart 1985.

Jörn Göres (Hrsg.): Lesewuth, Raubdruck und Bücherluxus. Das Buch in der Goethezeit. Ausstellungskatalog Düsseldorf 1977.

Adalbert von Hanstein: Die Frauen in der Geschichte des deutschen Geisteslebens des 18. und 19. Jahrhunderts. 2 Bände. Leipzig 1899-1900.

Günter Hänztschel (Hrsg.): Bildung und Kultur bürgerlicher Frauen 1850-1918. Eine Quellendokumentation aus Anstandsbüchern und Lebenshilfen für Mädchen und Frauen als Beitrag zur weiblichen literarischen Sozialisation. Tübingen 1986.

Hans Köhring (Hrsg.): Bibliographie der Almanache, Kalender und Taschenbücher für die Zeit von ca. 1750-1860. Hamburg 1929. (Nachdruck Bad Karlshafen 1987).

Maria Lanckoronska/ Richard Oehler: Die Buchillustrationen des XVIII. Jahrhunderts in Deutschland, Österreich und der Schweiz. 2 Bände. Leipzig 1933.

Maria Lanckoronska/ Arthur Rümann: Geschichte der deutschen Taschenbücher und Almanache aus der klassisch-romantischen Zeit. München 1954.

Brigitte Leierseder: Das Weib nach den Ansichten der Natur. Studien zur Herausbildung des bürgerlichen Frauenleitbildes an der Wende vom 18. zum 19. Jahrhundert. Phil. Diss. München 1982.

Reinhart Meyer: Novelle und Journal. Stuttgart 1987.

Eckhardt Meyer-Krentler: Die Leiden der jungen Wertherin. Weibliche Sozialisation im späten 18. Jahrhundert. In: Wolfgang Frühwald/Alberto Martino (Hrsg.): Zwischen Aufklärung und Restauration. Sozialer Wandel in der Literatur 1700-1848). Festschrift für Wolfgang Martens zum 65. Geburtstag. Tübingen 1988, S. 225-249.

York-Gotthard Mix: Die deutschen Musenalmanache. München 1985.

York-Gotthard Mix: Kalender? Ey, wie viel Kalender. Literarische Almanache zwischen Rokoko und Klassizismus. Ausstellungskatalog Wolfenbüttel 1986.

Wolfgang Paulsen (Hrsg.): Die Frau als Heldin und Autorin. Bern 1979.

Raimund Pissin (Hrsg.): Almanache der Romantik. Berlin-Zehlendorf 1910. Reprint: Hildesheim/New York: Olms Verlag 1970.

Paul Raabe: Zeitschriften und Almanache. In: Ernst L. Hauswedell/Christian Voigt (Hrsg.): Buchkunst und Literatur in Deutschland 1750-1850. 2 Bände. Hamburg 1977, Band 1, S. 145-195.

Paul Raabe: Bücherlust und Lesefreuden. Beiträge zur Geschichte des Buchwesens im 18. und frühen 19. Jahrhundert. Stuttgart 1984.

Eda Sagarra: Quellenbibliographie autobiographischer Schriften von Frauen im deutschen Kulturraum 1730-1918. In: Internationales Archiv für Sozialgeschichte der Literatur, 11, 1986, S. 175-231.

Rudolf Schenda: Volk ohne Buch. Studien zur Sozialgeschichte der populären Lesestoffe 1770-1910. München 1977.

Lydia Schieth: Die Entwicklung des deutschen Frauenromans im ausgehenden 18. Jahrhundert. Frankfurt/M. u.a.O. 1987.

C.W.O.A. von Schindel: Die deutschen Schriftstellerinnen des 19. Jahrhunderts. Drei Teile in einem Band. Leipzig 1823-1825. Neuauflage: Hildesheim/New York: Georg Olms 1978.

Viktoria Schmidt-Linsenhoff (Hrsg.): Sklavin oder Bürgerin? Französische Revolution und Neue Weiblichkeit 1760-1830. Frankfurt a.M.: Historisches Museum (Ausstellungskatalog) 1989.

Erich Schön: Der Verlust der Sinnlichkeit oder Die Verwandlungen des Lesers. Mentalitätswandel um 1800. Stuttgart 1987.

Sabine Schumann: Das "lesende Frauenzimmer": Frauenzeitschriften im 18.Jahrhundert. In: Barbara Becker-Cantarino (Hrsg.): Die Frau von der Reformation zur Romantik. Die Situation der Frau vor dem Hintergrund der Literatur- und Sozialgeschichte. Bonn 1980, S. 138-169.

Friedrich Sengle: Biedermeierzeit. Deutsche Literatur im Spannungsfeld zwischen Restauration und Revolution 1815-48. 3 Bände. Stuttgart 1971.

Eva Walter: "Schrieb oft, von Mägde Arbeit müde." Lebenszusammenhänge deutscher Schriftstellerinnen um 1800 - Schritte zur bürgerlichen Weiblichkeit. Mit einer Bibliographie zur Sozialgeschichte von Frauen 1800-1914 von Ute Daniel. Herausgegeben von Annette Kuhn. Düsseldorf 1985.

Ingeborg Weber-Kellermann: Frauenleben im 19. Jahrhundert. Empire und Romantik, Biedermeier, Gründerzeit. München 1983.

Reinhart Wittmann: Buchmarkt und Lektüre im 18. und 19.Jahrhundert. Beiträge zum literarischen Leben 1750-1880. Tübingen 1982.

Reinhard Wittmann: Geschichte des deutschen Buchhandels. München 1991.

Heinke Wunderlich: Leser und Lektüre. Bilder und Texte aus zwei Jahrhunderten. Dortmund 1985.

Margarete Zuber: Die deutschen Musenalmanache und schöngeistigen Taschenbücher des Biedermeier 1815-1848. In: Archiv für Geschichte des Buchwesens, 1, 1958, Sp. 398-489.